＼家の寿命を20年延ばす／

はじめての外壁塗装

KUBO SHINYA
久保信也

幻冬舎
MC

はじめに

外壁塗装は、家を長持ちさせるために避けて通れない工事です。

外壁に使う塗料の耐用年数は、一般的な塗料や遮熱・断熱効果のある機能性塗料も含め8年から15年の耐久性、高品質の塗料で最長20年くらいです。

一方、「平成25年住宅・土地統計調査」（総務省統計局）によると、戸建て住宅の建て替えは平均30年くらいですから、オーナー（持ち家の人、賃貸物件の大家さんなど）になった人は、少なくとも1回、もしかしたら2回、外壁塗装をすることになるでしょう。

その際に押さえておきたいのは、外壁塗装はトラブルが起きやすい工事だということです。

住宅に関するトラブル相談の内容を見てみると、リフォーム関連の相談のうち、雨漏りやひび割れなどの不具合が発生しているケースが全体の約3分の2を占めます。また、戸建て住宅の不具合を具体的に見ると、「剥がれ」「雨漏り」「性能不足」「ひび割れ」「汚れ」

の順に多く、これらはいずれも屋根と外壁で多発しています（「住宅相談統計年報 ２０１９」公益財団法人 住宅リフォーム・紛争処理支援センター）。

このようなトラブルを避けるにはどうすればよいのでしょうか。

私は15歳のときから足場（建築現場や工事現場で建物の周りに設置する金属の構造物です）の組み立て・解体業者で働き始め、数えきれないほどの塗装工事を見てきました。

２０１２年に自社の職人による外壁塗装にこだわった「リペイント匠」を設立してからも、10年未満の間に約２０００軒の外壁塗装を手掛けてきました。

お客さんのなかには、過去に外壁塗装で失敗したり嫌な目を見たりした人が少なくありません。

彼らが経験したトラブルには、塗料の剥がれや雨漏りの再発といった不具合のほかに、「追加工事で費用が膨らんだ」「工事が大幅に長引いた」「イメージどおりに仕上がらなかった」といったこともあります。

このような声を踏まえて分かったのは、外壁塗装のトラブルのほとんどが、業者選びに起因するということです。

工事を依頼するオーナーは、工程や塗料の知見がなく、そもそも外壁塗装の依頼が初めての人も多いだろうと思います。業者選びの基準が分からず、価格が安い業者や、たまたま営業に来た業者に依頼してしまう人もいますし、業者の言うとおりに契約し、工事を任せきりにしてしまう人もいます。

それがトラブルの始まりです。

言い換えれば、オーナー自身が外壁塗装に関する必要最低限の知識を身につけ、優良業者を選ぶポイントを押さえれば、無用なトラブルは回避できるのです。

例えば、自社で職人を抱えている業者を選べば、工事を下請けに出している業者よりも中間マージンの分だけ安く収まります。見積書のチェックポイントや悪徳業者がやりがちな手口を知っておけば、不要な工事と不当な請求を避けることができるでしょう。

そのような観点に立ち、本書は、依頼時の落とし穴や、オーナーに知っておいてほしいことなどを余すところなく盛り込みました。

外壁塗装で家を守り、快適に暮らしたいオーナーさんたちのヒントになれば幸いです。

家の寿命を20年延ばす　はじめての外壁塗装　目次

［第2章］　これだけは知っておきたい！
外壁塗装の基礎知識

［第3章］　業者選びで9割決まる！
安心して任せられる業者の見分け方

［第5章］　屋根塗装・防水工事・シロアリ予防……

外壁塗装と併せて行いたい「家の寿命を延ばす工事」

［第1章］

「知らなかった」では済まない外壁塗装で失敗するオーナーたち

リフォームに関する相談件数の推移

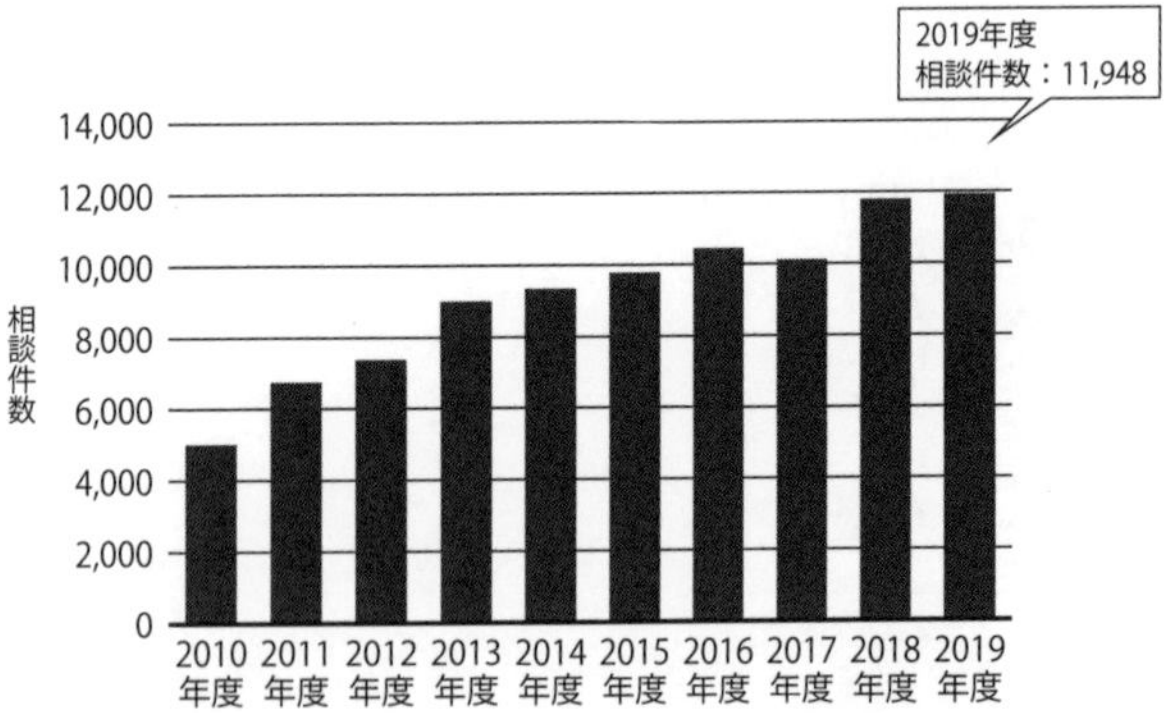

出典：住宅相談統計年報2020

外壁塗装の苦情のリアル

最近、テレビやラジオのCMなどでも外壁塗装がよく宣伝されるようになりました。また、飛び込み営業のスタイルで地域の家々を回り、外壁塗装を提案する訪問販売の業者も増え、外壁塗装がより身近になってきました。このような環境を踏まえると、業者に依頼するアクセスは以前よりも良くなっているといえますし、実際に外壁塗装の工事件数は年々増加しています。

私たち外壁塗装業者にとってそのような喜ばしい状況があると同時に、外壁塗装の苦情やトラブルも増えています。

外壁塗装を含むリフォーム工事のトラブル相談件数は、2010年には5000件前後でしたが、それから約10年の間に1万件以上に倍増しています。塗装会社を経営する私の耳にもそうしたトラブルについての話がたびたび届くようになりました。

手抜き、雨漏り再発、納得のいかない配色、「知らなかった」では済まない悲惨な現実

公益財団法人住宅リフォーム・紛争処理支援センターが発表したデータによれば、塗料の剥がれ、雨漏り、性能不足、塗料や外壁材のひび割れ、汚れといったトラブルが特に多く、これらはいずれも再度大掛かりな工事が必要になるものばかりです。

具体的にはどのようなトラブルがあるか説明しましょう。

外壁塗装トラブルの内訳

（戸建住宅n＝3,973）※複数カウント

主な不具合事象	割合※13	件数	当該事象が多くみられる部位
はがれ	16.2%	644	外壁、屋根
雨漏り	15.6%	618	屋根、外壁
性能不足※	11.7%	466	外壁、屋根、設備機器
ひび割れ	9.8%	391	外壁、屋根
汚れ	9.6%	381	外壁、床
変形	9.1%	360	床、内装、屋根
きず	5.3%	209	床、外壁
漏水	4.2%	166	給水、給湯配管、設備機器、排水配管
排水不良	3.3%	133	排水配管
作動不良	2.8%	112	開口部・建具、設備機器

＊性能不足（契約内容との相違等を含む）：使用した部材・設備機器等が通常有するべき性能を欠いている、または契約時に定めた性能を満たしていない状態。
（例）・太陽光発電装置による発電量が当初の想定量よりも少ない

出典：住宅相談統計年報2020

▼手抜き工事で塗料が剥がれてしまう

きちんと塗装を行えば、塗料は10年以上もちます。ところが、手抜き工事により数年で剥げ落ちることがあります。

手抜き工事は、必要な工程の一部を省くことにより、原価を抑えたり、工事を早く終わらせることなどを目的に行われます。

塗装工程については第4章で詳しく解説しますが、塗装は、下塗り、中塗り、上塗りの3度塗りが基本です。

下塗りは、中塗りと上塗りの塗料をき

ちんと壁に定着させるための下地処理の塗装です。中塗りは上塗りと同じ塗料を使うのが基本で、経年劣化によって上塗りが色あせてきたとしても、色やツヤのムラが起きないようにするための重要な工程です。

この手順をきちんと踏むことで、塗料は最低でも10年、長ければ20年くらいもちます。

しかし、手抜きをして「工事を早く終わらせたい」と考える業者は、下塗りと上塗りだけで終わらせます。そのせいで、本来なら10年以上もつはずの塗料が数年後に色ムラを起こし、見た目が悪化します。また、使用する塗料の量が少ないため、塗料がもつ防水性、防汚性といった機能が十分に発揮できず、家が傷むことになります。

▼雨漏りが直らない

雨漏りは、屋根に穴が空いて起きるものと思っている人が多いのですが、外壁に原因があるケースも少なくありません。そのため、雨漏りの補修は、雨漏りの原因を特定するところが出発点です。

実は、ここが業者の経験を要するところです。

雨漏りの原因となる壁や屋根のひび割れは1カ所とは限りません。屋根と壁の両方から雨水が侵入し、その水が1カ所に集まって雨漏りしているようなケースもあるのです。

また屋根や壁にひび割れがなくても雨漏りが起きることがあります。

室内と外気の温度差が大きくなりやすい屋根裏や窓の付近で結露が起き、水滴が窓枠の木部を腐らせたり、結露が屋根下地の木部を腐らせたりします。

このような知識を前提としたうえで壁などを補修しないと、雨漏りは再発します。

実際、施工者が「雨漏りは屋根が原因」と先入観をもってしまい、「原因は屋根なのだから、屋根を塗り直せばよい」「傷んだ屋根材を補強すればよい」と考えた結果、雨漏りが再発するケースは少なくありません。

私が相談を受けたお客さんのなかにも、過去に何度も雨漏り修理を依頼したにもかかわらず、「雨漏りが直らない」と頭を抱えている人がいました。

現場を見させてもらうと、屋根材のひび割れや隙間という隙間のすべてにコーキングがべったり埋まっていました。

おそらく、前の外壁塗装業者が「屋根のどこかから雨水が入り込んでいる」と決めつけて、手当たり次第に隙間を埋めたのだろうと思います。

しかし、実際にはこの処置が雨漏りを悪化させていました。

私たちが屋根、壁などを調べたところ、この家の雨漏りは、屋根や壁の傷みではなく、結露が原因であることが分かりました。

結露を防ぐには外気と室内の温度差を小さくするなどの処置が必要なのですが、この家の場合はコーキングで隙間を埋めたせいで温度差が生まれやすくなり、結露がさらに起きやすくなっていたのです。

結局、この家の屋根は、隙間を埋めているコーキングをすべて撤去したところで、屋根下地の木部が腐っているため再塗装しても意味がなく、下地の木部からやり直す屋根の葺き替え工事になりました。

前の外壁塗装業者の知識が足りなかったため、雨漏りが直らないだけでなく、屋根塗装の費用に比べ何倍もの余計な修理工事が発生したのです。

▼塗料や外壁材のひび割れ

塗料は紫外線や雨風にさらされ経年劣化します。通常は10年以上、見た目も機能も維持できますが、塗料の選定や塗装方法に問題があった場合、塗膜のひび割れや剥がれ、膨れのほか、急速な劣化が起きます。

また、塗装する際には壁の種類や状態をくまなく確認し、ひび割れや雨漏りを起こしそうな場所を補修します。しかし、施工者の知識不足・確認不足や手抜きによって補修作業が行われなかった場合、外壁材や目地のひび割れが悪化し、雨漏りの原因になることがあります。

▼汚れ

外壁そのものの汚れや、工事を行った周辺の汚れです。

例えば、依頼者の車などへの塗料の飛散や、足場を組んで上らなければ見えないようなところへの塗料の飛散のほか、壁に這わせてある電話やインターネットのコードについた塗料が、拭き取られずにそのままになっているケースなどがあります。酷いときは、建物の基礎や土間など明らかに見える所に塗料が飛散している場合もあります。汚れは見た目を悪化させる原因になりますし、隣家の壁や所有物などが汚れることにより、ご近所トラブルが発生する可能性があります。

▼イメージと違う色になった

18ページの表には出ていませんが、外壁塗装でよく起きるトラブルには、期待どおりの色に仕上がらなかったということがあります。

色は、施工前に業者と打ち合わせして決めます。

その際には、塗料メーカーのカタログや、日本塗料工業会などが作っている色見本帳の色を参考にします。

しかし、見本帳の色と実際の塗装した状態の色がまったく同じになるとは限りません。

厳密には同じ色なのですが、ほとんどの場合、壁に塗装した色は見本の色よりも明るく見えるものなのです。

見本より実物のほうが明るく見える理由の1つは、面積効果が働くためです。

面積効果は、簡単にいえば、面積が大きくなるほど色の明るさや彩度が増す効果のことです。それに加えて、見本帳は室内、実物は屋外で見ますので、光の強さや室内の電球の色によって見え方が変わることもあります。

また、経年劣化による色あせも、色トラブルの1つの原因です。塗装直後は満足な仕上がりだったとしても、色というのは例外なくすべての色が経年劣化で「白色」に向かって色あせていくため、当初の色より薄くなり不満を感じるお客さんも少なくありません。

そのような点をあらかじめ知っておかないと、「思っていたより派手な色になった……」「もっと落ち着いた仕上がりを想像していたのに……」といった不満や「年数が経ってこんな色になるなら違う色にしておけばよかった……」といった後悔を抱えることになります。

塗装は前述のとおり、下塗り、中塗り、上塗りの3回ですので、下塗りや中塗りの段階なら上塗りの塗料を替えることができます。現場作業が始まっても、上塗りの色の変更が可能であることを知っていれば、塗料を変更することができます。

しかし、上塗りまで終わった段階で「イメージと違う」と思った場合、もう1度塗るか、我慢するしかありません。

もう1度塗るためには追加料金がかかるはずです。我慢する場合、外壁塗装は10年くらいを目安に行うものですので、心のどこかで「はぁ～」とため息をつき10年間暮らすことになります。

どちらを選ぶにせよ、お客さんには厳しい選択となるでしょう。

皆さんは外壁塗装の際にあまり意識しないかもしれませんが、家の色というのは、塗装後もずっとその人の気持ちや生活に影響を及ぼします。思いどおりの色で外壁塗装ができれば、出勤前に「今日も頑張ろう！」と思えるはずですし、ご近所の方にも「良い色ねぇ」と言われて嬉しい気持ちになるでしょう。休みの日には、お洒落になった自分の家を笑顔でしばらく見ているかもしれません。気分の良い日が増え、仕事もプライベートも順風満帆になるはずです。

しかし、期待外れの色になり我慢して過ごしている場合は、家族で喧嘩が絶えなかったり、休みの日に家を見ると憂鬱な気分になり外へ出るのが嫌になるかもしれません。

このように塗装後の生活に影響することですので、色選びは慎重に行いましょう。休日に近所のお洒落な家を見て回るなど、複数の事例を知っておくとよいでしょう。

業界の構造がトラブル多発の一因

ところで、なぜこのようなトラブルが起きるのでしょうか。

手抜きする業者や悪質な業者に依頼してしまうのは、お客さん側の事情として、外壁塗装に関する知識が不足していることや、良い業者の選び方が分からないことなどが挙げられるでしょう。

本書はそのような業者を避けるために必要な知識などをまとめたものですので、読み進めていくことによって、業者選びのポイントが見えてくるはずです。

また、トラブルが起きる背景には、業界の構造上の問題もあります。外壁塗装業界は、工事の依頼を受けた業者（元請け業者）が、その仕事を下請け業者に出し、下請け業者が、さらにその下にいる孫請け業者に出すという、多重構造と呼ばれる構造になっています。

外壁塗装は、この構造で仕事が下請け、孫請けへと流れていくことがよくあります。お客さんは元請け業者の規模や実績などを見て「大手だから安心できる」「技術力があるはず」などと考えます。

しかし、多重構造で仕事が流れている場合、依頼した元請け業者が施工するとは限りません。元請け業者が下請け・孫請け業者に仕事を任せた場合、現場にはまったく別の業者の職人が来ることになります。

その業者が知識不足だったり、技術力のない業者だったりした場合、お客さんは結果として、信頼して任せた業者とは異なる、知識や技術力のない業者に依頼したことになるのです。

多重構造でもう1つ問題なのが、元請け業者から下請け業者、下請け業者から孫請け業者へと仕事が流れていく過程で中間マージンが発生することです。

中間マージンは、実際の施工を任せるときに取る紹介料や仲介料などのことです。

このお金の出どころは、依頼主が支払った工事費用です。

つまり、中間マージンが発生するほど実際の工事に使えるお金が少なくなるということです。

例えば、工事費用が１００万円だったとすると、元請けはそのうちの40万円を中間マージンとして受け取り、下請けの業者に60万円で工事を発注します。

下請けの業者が忙しく対応できなかった場合などは、60万円のうちの10万円を受け取り、孫請けの業者に50万円で発注します。

お客さん側から見ると、工事代として払った１００万円が、この時点で50万円に減って

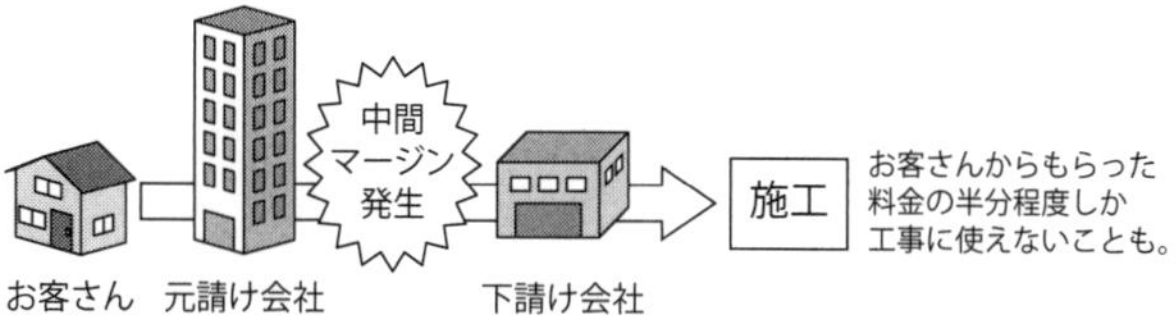

多重構造と中間マージン

います。

さらに工事がその下の業者に流れると、工事に使えるお金が45万円になります。

もちろん、末端業者も45万のなかから数万でも利益を出さないといけないわけですから、仕上がりの質は下がります。

なぜなら、材料費も人件費も本来の半分以下になり、職人たちはとても足りない材料で工事を強いられますし、なにより、十分な休憩や手当を与えられないまま夜遅くまで働かされるためです。

職人からすれば、何か失敗して工期が伸びてしまったら即赤字になる状況で、気持ちに余裕はなく仕事に熱意を注げる人は少ないはずです。

利益が出ているのは営業上手な元請けだけで、職人は薄利。モチベーションが下がります。熱意がもてないのですから、工事の質も下がるでしょう。

工事の最終的な仕上がりは、お客さんが元請けにいくら払ったかではなく、実際の工事自体にいくら使えるか、つまり業者の人件費や塗装の材料代にどれだけの予算が組まれているかによるのです。


多重構造と中間マージンは、手抜きが生まれやすくなる原因にもなっています。

外壁塗装は簡単には安くできない仕事です。

塗料を安く仕入れるルートをつくったり、大量に仕入れて安くしたり、安く仕事をしてくれる下請けや孫請け業者を見つけることによって原価を抑えることはできますが、私の経験を踏まえると、このような方法で原価を抑えたとしても、せいぜい2割から3割が限界です。

そのような状況のなかで、元請け業者が100万円で引き受けた仕事を「50万円でやってください」と言われたら、下請け業者はどうするでしょうか。

「50万円ではできません」

そう言えればよいのですが、実際は定期的に元請けから仕事をもらっていると、仕事を切られるのは怖いものです。元請けからの「次の現場で上乗せするから」というありもしない甘い言葉を鵜呑みにし、下請けは断れない状況になるのが現実です。

すると、赤字を覚悟で引き受けるか、または、塗料、人、作業時間を省くことによってどうにか50万円に抑えるしかありません。

私自身も下請け業者として仕事をしているときは、こんな状況は日常茶飯事で「仕事があるだけありがたい」と思っていました。

そして、それがこの業界では常態化しているのです。ですので、末端の塗装職人は、「どうやったらお客さんが喜んでくれるか」というやりがいではなく「どれだけ工期を早く、材料費を安く抑えられるか」がやりがいになっています。

例えば新人の職人たちにとって、そういった状況が修業時代から続いているとどうなるでしょうか。彼らは丁寧な仕事をすることを教えてもらえていないので、利益優先の急ぎ仕事になるのです。

このような状況から、現場では、「丁寧な仕事をしよう」より「早く終わらせよう」「早く次の現場に行こう」という意識が強まり、雑な仕事や手抜き工事が増えやすくなるのです。

一方で、丁寧な仕事を教わってきた職人は、「どうやったら分からないように手抜きができ、早く終わらせられるか」ということ自体に慣れていません。

トラブル例の2番目に挙げた、3度塗りを2度塗りにする手抜きは、まさにこのような環境から生まれます。塗装回数を減らすことが、塗料の節約、人件費削減、作業時間の短縮などにつながるからです。

ほかの方法としては、塗料を薄めれば原価を安くできます。限度はありますが、薄めれば薄めるほど塗りやすくなるため、作業時間が短縮でき、人件費も抑えられます。

手抜きの方法にはさまざまあり、すべては書ききれませんが、現場の人間にだけ分かるような細かい手抜きが山ほどあるのです。

このような方法を駆使することで、100万円かかるはずの仕事を50万円で帳尻が合うようにするのです。

外壁塗装の失敗は「知識不足」と「業者選び」

この構造は長期間かけてつくられてきたもので、すぐに変えることはできません。すぐに変わることもないでしょう。

下請けとして薄利で仕事をせざるを得ない業者は、良い仕事をすることよりも手の抜きどころを探すことに意識が向きやすくなります。

お客さんが気づかないところで手を抜いたり、知識不足のお客さんから余分にお金を取ろうという業者も、簡単にはいなくならないでしょう。

ただ、そういう業者がいることや、その背景に多重構造と中間マージンの問題があることなどを知っていれば、警戒することができ、避けることができます。

トラブルになりやすい業者を避ければ、結果として、良い業者を見つけられる可能性が高まります。

業者や業界環境についてまったく知識がなければ、知らず知らずのうちに100万円の工事が50万円になってしまいます。大きなトラブルが起きれば、さらに100万円かけて工事をやり直すことにもなり兼ねません。

それを避けるために、お客さん側も外壁塗装や業者の選び方について多少の知識をもつことが大事です。

では、どんな知識を身につけるとよいのでしょうか。

次章ではその第一歩目として、外壁塗装の基礎知識について見てみます。

COLUMN ①

アパートの入居率を高める

アパートオーナーのなかには、建物の見た目を変えたり、デザインにこだわることによって入居率を高めたいと考えている人が多いことでしょう。

外壁塗装は、そのための手段になります。塗料の機能により、オーナーにとって重要な資産であり収入源でもあるアパートの寿命を延ばすこともできます。

現状では仲介の不動産業者に手配を任せるケースが多いかもしれません。

しかし、本書でお伝えしたポイントさえきちんと押さえておけば、自宅の外壁塗装を依頼するのとほとんど変わらない手順でアパート全体の外壁塗装ができます。

不動産業者に丸投げするのをやめれば、その際に発生していた中間マージンの分安くなり、実際の工事に使えるようになり、工事の質が高まります。

また、外壁塗装の業者と仕上がりイメージを綿密に打ち合わせすることで、満足できる可能性も高まり、納得度も高まるでしょう。

「やってみようか」と思った場合は、以下のポイントを意識して業者選びをしてみてください。

・アパートの資産価値向上につながるようなデザインの提案ができる業者
・アパートの住民の生活にきちんと配慮できる業者（例えば、塗料の臭いがきつい溶剤系ではなく水性塗料で施工できる、住人への挨拶回りに同行してくれる、など）
・火災保険の活用など、大型物件の工事の知見がある

以上の点を踏まえつつ、住人の方々が自慢したくなるような、家族、友達、知り合いを呼びたくなるようなアパートに生まれ変わらせてください。

［第2章］

これだけは知っておきたい！外壁塗装の基礎知識

外壁塗装の3つの目的

それでは、外壁塗装を成功させるにはどのような知識が必要でしょうか。基本的な知識を押さえていきましょう。

まず、外壁塗装は高額な工事です。例えば2階建て家屋で通常約80万~100万円の費用がかかります。

なんのために行うのか、どんな効果が得られるのか、そして、後回しにするとどうなってしまうのかなどをきちんと理解しておくことで、お金を払う納得感が高まるでしょう。

本章では、外壁塗装の目的、外壁塗装を検討するタイミング、外壁塗装の流れについて見ていきましょう。

まずは外壁塗装の目的について整理をしてみます。外壁塗装の目的には、第1に美観・見た目をよみがえらせることやデザイン性をもたせること、第2に躯体の保護・劣化を防ぐこと、第3に機能・家の快適性を高めることが挙げられます。

1つ目の美観については、外壁塗装の最も分かりやすい効果といえ、外壁を塗り直すことで、家は新築同様、またはそれ以上の見た目になります。

自分の好みや流行を取り入れたデザインにすることで、家への愛着も増すでしょうし、ご近所から「あの家、きれいだよね」「かっこいいよね」などと評価される機会も増えるだろうと思います。

また、ご近所など周りからの評価が良くなるということは、家そのものの価値が高まるということです。

例えば、築年数や大きさがほとんど同じ家が2軒あったとき、大半の人が塗装がボロボロの家よりもきれいに塗り直されている家を買いたいと思います。見た目の良し悪しは価値に影響する要因の1つで、家も見栄えが良いほど好まれるのです。

2つ目の躯体の保護については、家の寿命を延ばすということです。

普段はあまり意識していないでしょうが、家の外壁は24時間365日、雨、風、紫外線にさらされています。

家具や家電を屋外に放置したらどうなるでしょうか。

数週間もすれば傷が目立つようになり、数カ月後にはボロボロになっているはずです。

つまり、外部環境というのはそれくらい過酷だということです。このような環境では外壁も劣化します。

外壁塗装は、外壁の部材（外壁材）をコーティングすることですので、部材の劣化を防ぎ、家全体を守る役割を果たします。


３つ目に挙げた機能については、塗料がもつ機能によって家の快適性を高めるということです。

外壁塗装をすると家の見た目や印象が変わりますが、その際に使う塗料にはそれぞれ防水、防カビ、遮熱・断熱、低汚染といった機能があります。

このような機能を活かすことで以前よりも住みやすく快適な家に変えることができるのです。

ここで、塗料の機能について少し補足しておきましょう。

塗料の機能にはまず、防水機能が挙げられます。

外壁や屋根をきちんと塗装することにより防水性が高まり、この機能によって雨水や湿気を防ぐことができます。そのため、塗装が剥げたり、経年劣化で塗装の防水機能が低下すると、外壁材の劣化から始まり、雨漏りや雨によるシミができる原因になります。

もう1つは、遮熱・断熱機能です。

外壁や屋根は直射日光と外気にさらされるため、夏は暑さ、冬は寒さが室内温度に影響します。この影響を抑えるのが塗料の遮熱・断熱機能です。室内の温度が安定することで快適さが増しますし、エアコンや暖房の使用頻度を抑えることにもつながります。

放っておくとどうなるか

では、塗装の劣化を放置しておくとどうなるのでしょうか。

簡単にいえば、外壁塗装の3つの目的がすべて果たしづらくなります。つまり、美観、躯体の保護、機能がすべて低下しやすくなるということです。

美観の低下とは、要するに見栄えが悪くなるということです。

オーナーとしても気分が良くないでしょうし、ご近所や友人、知人からの印象も悪くなるでしょう。

また、コケやカビも発生しやすくなり、建物の外観が悪くなるほか、悪臭の原因になります。コケやカビの水分によって塗料が劣化したり、塗料が剥がれて家の保護効果が下がり、寿命が短くなる可能性もあります。

躯体を保護する効果や機能が低下すると、家は老化し、安全に暮らせなくなります。

例えば、外壁塗装は築年数が経つにつれてツヤがなくなっていきます。これは塗料が水をはじく力が弱くなっていることの表れで、塗料の防水機能が低下し、家を保護する力が弱まっています。

防水機能が弱まると、壁に雨水が入りやすくなり、壁材が歪み、ひび割れします。

ひび割れすることによって雨水がさらに侵入しやすくなり、雨漏りを起こします。

雨漏りは屋根が原因と思われがちですが、壁からの雨水も原因になります。壁の内側に

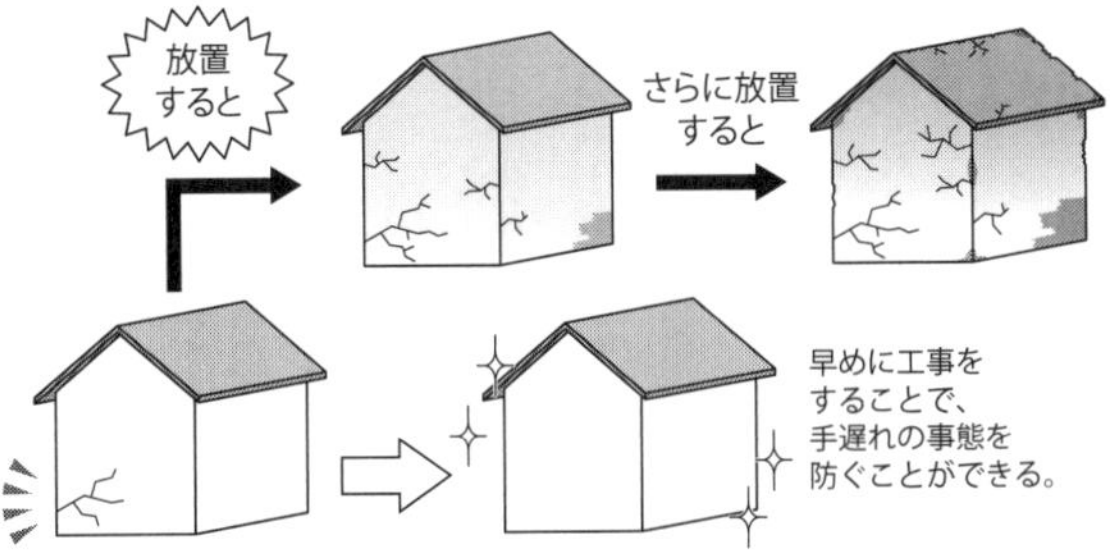
放置
すると
さらに放置
すると
早めに工事を
することで、
手遅れの事態を
防ぐことができる。

外壁塗装は早めの対応が大切

雨水が入り込み、その水が室内に滲み出てくるのです。

壁が原因の雨漏りは小さなひび割れが原因になっていることがあり、見た目では気づきにくいのが特徴です。雨漏りといえば屋根という先入観があり、ひび割れを見落とすことによって雨漏りが深刻化する可能性もあります。雨漏りが進行すると、家の躯体が腐りやすくなります。

湿気を含む材木はシロアリを呼ぶ原因になりますし、雨漏りの水が漏電を引き起こし、火災の原因になることもあります。

このことからも分かるように、日々、安全に暮らせるのは外壁や屋根の塗装が家を保護しているからなのです。

ちなみに、雨水だけでなく、紫外線もひび割れの原因になります。

塗料で外壁材や屋根材を守っているうちは大丈夫ですが、塗料が剥げたり、経年劣化で塗料の機能が低下することによってひび割れする可能性が高くなり、そこが雨漏り、躯体の腐食、シロアリ、火災などの原因になります。

傷みの進行を止めることが大事

塗装の劣化は家を劣化させ、被害が深刻化します。

そう考えると、外壁塗装は家の定期検診のようなものと言い換えてもよいかもしれません。

体のなかで病気の芽が生まれていたとしても、定期的に健康診断を受けていれば見つけることができ、治療できます。

家も同じで、外壁塗装する際には外壁材やコーキングなどの状態を確認しますので、そのときに雨漏りしそうな部分を見つけ、修理できるかもしれません。実際、塗装前の診断で外壁材の不良が見つかることも多いのです。

その機会を後回しにすると、気づかないうちに雨漏りする箇所が増え、躯体が腐っていきます。

この状態になると、塗装ではどうにもできません。

腐った躯体は塗装でよみがえらせることはできませんし、塗装で雨漏りを止めることもできないため、躯体の交換工事や外壁や屋根の張り替え工事が必要になります。被害が深刻な場合、大掛かりなリフォームが必要になることもあります。

そのための費用は外壁塗装とは比べ物にならないくらい高額になるでしょう。

外壁塗装はだいたい80万～100万円前後ですが、外壁材を取り外し、下地材を張り替える工事になると200万円以上の費用がかかります。外壁塗装というメンテナンスを後回しにすることで、将来的に修理費用が跳ね上がってしまうのです。

工事を検討する5つのポイント

では、外壁塗装はどのタイミングで行うのがよいのでしょうか。

外壁塗装は、一般的な目安としては10年に1度くらい行うものとされています。

10年が目安となっているのは、外壁材に塗装されている塗料の防水機能が10年くらいでなくなってしまうためです。

また、日本の住宅で使用されている外壁材にはいくつかの種類がありますが、8割くらいの家では窒素系サイディングボードと呼ばれるものが使われ、この外壁材の防水機能も10年くらいが目安です。

ただし、家の周りの環境は1軒1軒異なります。日当たりがよく、紫外線を受け続けている家があれば、雨風が多い地域の家もあり、塗料の機能が低下するスピードはさまざまなのです。

そのため、まずは10年くらいという目安を頭に入れつつ、自分で外壁の状態をチェックすることが重要です。

それでは、外壁塗装を検討したほうがよいポイントを押さえておきましょう。

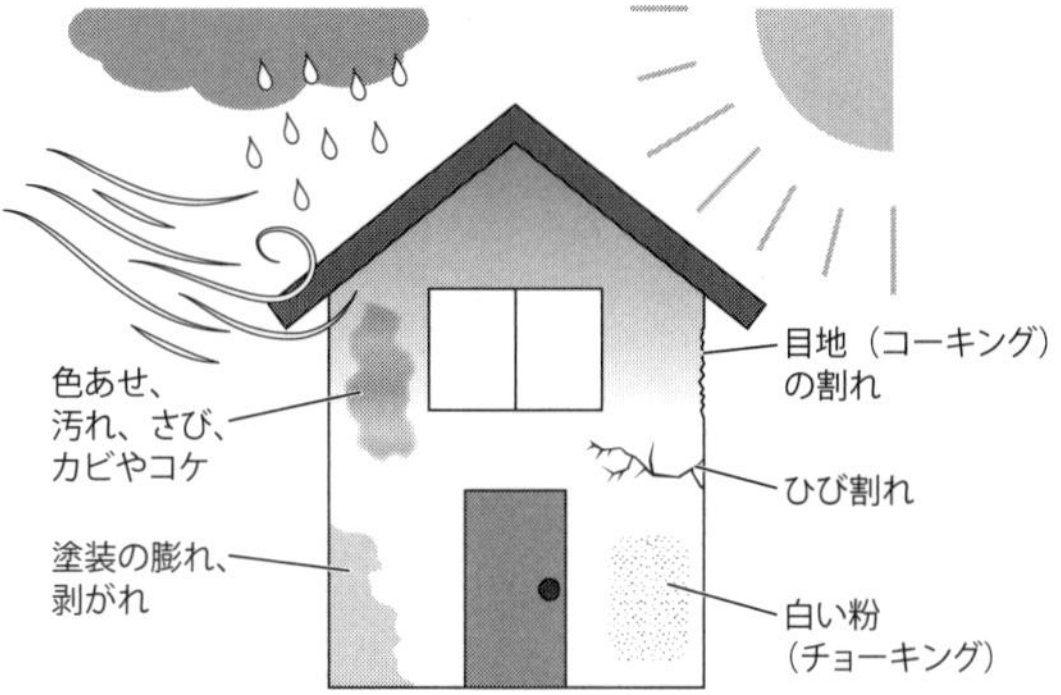

外壁塗装検討のポイント

1）色あせ、汚れ、さび、カビやコケが見られる
2）塗装の膨れ、剥がれがある
3）外壁を指で触ったときにチョークの粉のような白い粉が付着する（チョーキング）
4）ひび割れが見られる
5）目地（コーキング）が割れている

これらはいずれも建物が発している劣化のサインです。

築10年未満でもこのような症状が見られる場合は、「まだ大丈夫だろう」「もう少し様子を見よう」などと考えず、早めに業者に点検を依頼するのがよいでしょう。

外壁塗装を検討するポイントとしては、当然、築年数も考える必要があります。

また、訪問販売の業者に「塗り替え時期です」と指摘されたときや、2回目の塗装であれば、前回塗装した塗料のカタログなどを見て、塗料の耐用年数（期待耐用年数といいます）を目安にすることもできます。

塗り替えサインに早く気づくことが大事

では、具体的に見てみましょう。


外壁の色あせ、汚れ、さび、カビやコケは、劣化が始まっている初期のサインといえるでしょう。

例えば、雨風にさらされ、紫外線を浴びると外壁の色があせたり、ツヤがなくなっていきます。

少々の色あせであれば問題ありませんが、著しく色あせている場合は塗料の機能が低下している可能性が高く、塗り直しの必要性も高くなります。

カビやコケも、時間が経つほど増えていきます。洗って取れる程度であれば問題ありませんが、放っておくとカビもコケも増殖するため、見た目が悪くなっていきます。

また、カビやコケが生えるところは水分が多いため、湿気による塗料の膨れや剥がれにつながっていきます。

外壁塗装を急いだほうがよいのは、塗装が剥がれ、膨れが確認できるとき、チョーキングが出たときなどです。

外壁や屋根の塗装は、雨風や紫外線の影響で劣化します。

または、前回の外壁塗装業者が下地処理で手抜きしたり、外壁材と相性の悪い塗料を使ったことなどが原因で剥がれることもあります。塗膜が剥がれている部分は見た目が悪いだけでなく、塗料の保護効果が得られませんので、壁材を傷める原因になります。

膨れている部分も塗料と壁の間に水や空気が入り込むため、塗料の機能が発揮できません。膨れている部分はまもなく剥がれ落ちますので、早めの塗り直しが必要です。

チョーキングは、外壁塗装の機能が低下していることの表れです。ひび割れがなければ雨漏りなどが起きる可能性は低いといえますが、家を保護するためにもなるべく早く塗り直す必要があります。

これらより、さらに深刻なのが、ひび割れがある場合です。

外壁のひび割れは、塗装のひび割れと外壁材のひび割れに分けられます。

塗装のひび割れは壁材の保護機能が低下する原因です。外壁材のひび割れは雨水の侵入口となり、雨漏りする原因になります。雨漏りによって躯体が腐食すると、シロアリの発生につながっていくこともありますので、早急に穴埋め工事をして、塗装する必要があります。

また、ひび割れが深い場合は塗装では対応できません。順番としては、まずは塗装のひび割れ、次に外壁材の小さなひび割れ、外壁材の深いひび割れへと発展していきますので、小さな塗装のひび割れを見つけたときに対処することが大事です。

コーキングの傷みにも注目

外壁の劣化を見る基準として、コーキングを見ることも大事です。

コーキングは壁材を貼るときに工事しますので、基本的には外壁の塗り替えと同時にコーキングもやり直します。ただし、壁材とコーキングの寿命が必ずしも同じではないため、コーキングだけ工事することもあります。

具体的な症状としては、経年劣化でコーキングがなくなっている状態がもっとも深刻です。コーキングがなくなる原因は経年劣化が多いのですが、新築時のコーキングの質が悪く、耐久性が低かった場合もなくなることがあります。

コーキングが破れていたり、剥がれている場合も修復が必要です。これらも主に経年劣化が原因ですが、コーキングの質が悪い場合、またはコーキングの下塗り（プライマー）が塗布されていない場合もこのような症状が起きることがあります。

いずれの場合もコーキング工事が不十分なため、雨水の侵入口になる可能性があります。

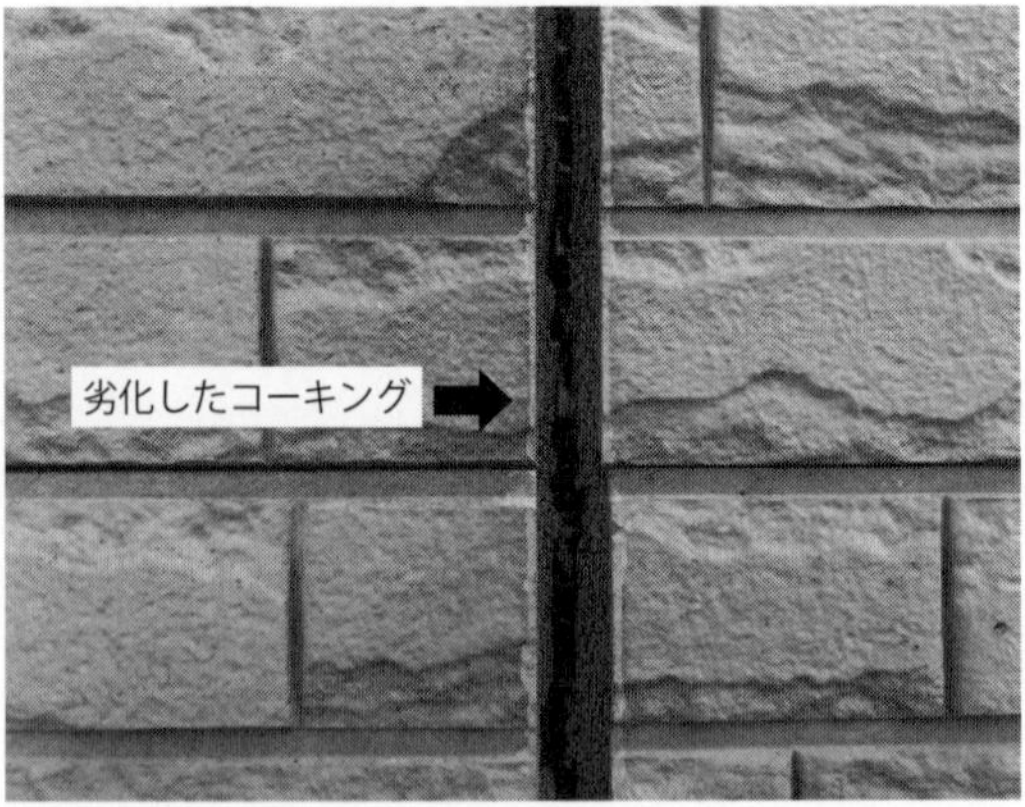

劣化したコーキング

コーキングの劣化の初期症状として、黒ずみが発生することがあります。これはブリード現象と呼ばれるもので、コーキングに含まれている可塑剤が年数が経つことによってコーキングと分離し、表面に出てくることで発生します。ブリードは外壁の見た目が悪くなるだけでなく、コーキングの劣化にもつながります。

というのも、黒ずみの原因となっている可塑剤はコーキングの柔軟性を保つために使われるものなので、分離するとコーキングが硬くなり、ひび割れしやすくなるからです。イメージとしては、古くなった輪ゴムが硬くなり、切れやすくなるのと同じです。

工事の流れ

工事の概要を踏まえたところで、工事の具体的な流れについて見ていきましょう（工事を依頼する業者の選び方は第3章、業者との打ち合わせ内容に関するポイントは第4章で説明します）。

1）着工

工事は、まず足場の組み立てから行います。

足場工事というのは2つの役割を果たしています。1つ目は高いところの外壁や屋根を塗装するためです。2つ目は、塗料が近所に飛散しないためです。組み立て時と解体時はほかの工程と比べて工事の音が大きくなるため、あらかじめご近所にそのことを伝えておくとよいでしょう。

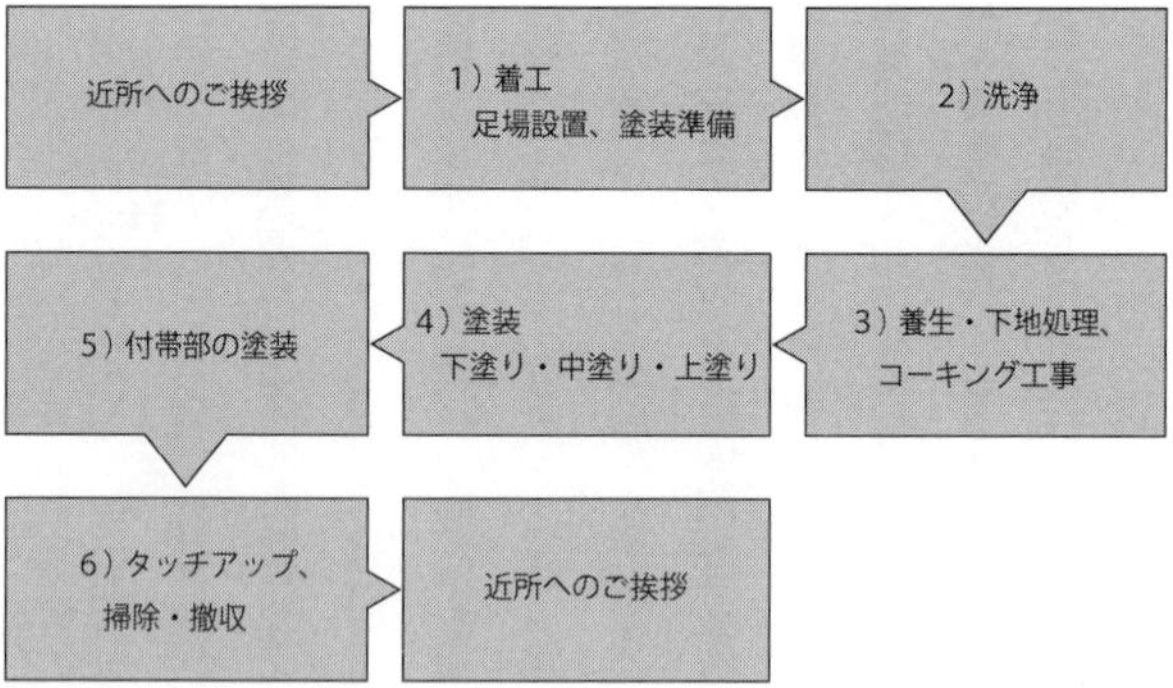

出典：当社資料より作成

外壁塗装工事の流れ

２）洗浄（高圧洗浄・バイオ洗浄・トルネード洗浄）

外壁、屋根ともに、高圧洗浄機で汚れ、古い塗料、コケなどを落とします。洗浄は大きく分けて３種類のやり方があります。

・高圧洗浄

通常の外壁洗浄やトルネード洗浄をしたあとの洗い流し、抗菌剤塗布後の洗い流しなどに使用するやり方。

・バイオ洗浄

高圧洗浄では落ちないカビやコケといった生物系の汚れを根っ子からきれいにするために、抗菌剤を外壁に塗布してから高圧洗浄するやり方。

・トルネード洗浄

高圧洗浄機に付けた専用ノズルの先端が高速回転し、通常の高圧洗浄よりも高い水圧で噴射することにより、通常の水圧では落とせない汚れを落とすことができる。主に屋根や駐車場などしつこい汚れが多い場所で使用されるやり方。

洗浄は塗装では重要な手順です。というのも、汚れが付いた状態で塗装すると、塗料の剥げ落ちなどの原因になるからです。例えば、コケが残った状態で塗装し、コケが剥げ落ちたときに塗装も一緒に落ちてしまうような場合です。

また、カビやコケを根っ子からきれいにしないと、せっかく外壁塗装できれいにしてもすぐにまたカビやコケが発生してしまう可能性があります。

洗浄と同じくらい重要なのが洗浄後の乾燥です。

例えば、高圧洗浄の水が外壁にしみ込んでいる場合、そのままの状態で塗装すると水の逃げ道がなくなり、塗料を内側から劣化させてしまいます。水が蒸発して塗料の膨れの原因になることもあります。

3) 養生・下地処理、コーキング工事

外壁が乾いたら、塗料が付いてはいけない所にビニールで養生するなど、塗装に適した状態にする下地処理をします。また、目地やサッシ廻りのコーキング工事をします。コーキングは家の劣化具合により高圧洗浄より先にする場合もあります。ここが塗装の仕上がりに大きく影響する大事な工程になります。

4) 塗装

次はいよいよ塗装です。塗装は3度塗りが基本です。外壁材や屋根材が傷んでいる場合、下地処理のための下塗りを2回、3回行うこともあります。(塗装工程の詳細は後述します)。

5）付帯部の塗装

付帯部というと聞き慣れない言葉だと思いますが、雨どいや雨戸、シャッターボックスなど外壁や屋根以外の細かな部分のことを指します。付帯部の塗装は基本2回塗りです。付帯部は外壁よりも劣化の進行が早いため外壁よりもワンランク上の塗料がお勧めです。

6）タッチアップ、掃除・撤収

塗装が終わったら細かな塗り残しをタッチアップで修正します。そして掃除はきれいに。お客さんに確認してもらい、問題がなければ足場を解体します。そして保証書を渡し、現場を片づけます。

ご近所に工事終了を伝え、問題なく一連の工事が終了したところで、工事代金をお客さんから受け取ります。

塗装は3度塗りが基本

では、外壁塗装の詳細を見てみましょう。

すでに何度か触れてきましたが、外壁塗装は、下塗り、中塗り、上塗りの3回塗りが基本です。

それぞれの役目を見てみると、まず下塗りは、塗料を外壁に密着しやすくし、外壁に定着させる役目を持っています。外壁の状態や素材などによって使用する下塗りの塗料が変わります。また、最終的な見た目の色合いやツヤの出方などは、この下塗りでほぼ決まります（もちろん、洗浄や下地処理をきちんとしていることが前提です）。

中塗りは、3度塗りのなかで真ん中となるため中塗りと呼びますが、基本的には上塗りと同じ塗料を使いますので、1度目の上塗りといってもよいでしょう。中塗りの役目はムラが出るのを防ぐことです。

上塗りを2度（中塗り、上塗り）に分けることで、美しい仕上がりが実現されるのです。

3度塗りはあくまで基本ですので、外壁材が古く、塗料を吸い込んでしまうような場合は下塗りを2度、3度行う必要があります。下塗りが吸い込まれた状態で中塗りすると、中塗りの塗料も吸い込まれてしまい、機能が落ちますし、ムラになって美観が損なわれることもあります。女性の方はイメージしやすいと思いますが、お化粧で下地をきちんとしていないと、どんな高級コスメを使っても効果が発揮されないのと同じで、塗装も下塗りをしっかりしていないと、美観も効果も半減してしまうのです。

中塗りが1度目の上塗りであると考えれば、中塗りと上塗りは同じ塗料を使うのが基本といえるでしょう。

しかし、業者のなかには中塗りと上塗りの色を変える業者もいます。

その理由は、「上塗りの塗り残しの防止」や「きちんと3度塗りしていることを依頼者に分かりやすくするため」です。

確かに、そのような効果はあるかもしれません。

業者によっては2度塗りで済ませようと考える人がいるかもしれませんし、お客さんは現場に張り付くわけではありませんので、きちんと3度塗りしているかどうかわかりません。そもそもお客さんの多くは3度塗りが基本であることを知らない場合もありますので、色を変えることで手抜きしていないことを視覚的に証明できます。

ただ、中塗りと上塗りの色が異なると、将来的な色ムラの原因になります。なぜなら、塗装は上塗りから劣化していくため、上塗りが色あせたときに中塗りの色と違っていると、中塗りの色が透けて見えてしまうからです。

手抜きが心配で色を変えてほしいのであれば、上塗りとほとんど変わらない色で中塗りしてもらうようにしましょう。

信頼できる業者を選べば、そもそも手抜きはされませんし、上塗りを塗り残されるようなこともありません。

塗装工事に適した時期

高圧洗浄の話のなかで、乾燥が大事という点に触れました。塗料も同じで、外壁塗装で3度塗りする際も十分に乾燥させることが大切です。

乾燥が大事な理由は、塗料がもつ防水性や遮熱性といった機能は、塗料が十分に乾いていないと発揮できないからです。

そもそも塗料の成分は固体で、これらを溶剤や水で伸ばすことによって塗りやすくなります。

また、塗料の成分は溶剤や水などと一緒に外壁に塗ったあと、水分がなくなることによって外壁に付着します。

この「水分がなくなること」が乾燥です。つまり、乾燥しなければ塗料の成分が定着しませんし、結果として、機能が発揮できなくなったり、抜けきれていない水分が原因で塗料が十分に硬化せず膨れたり、剥がれたりする原因になるのです。

乾燥には十分な時間が必要なため、工期そのものも湿気が多い季節や地域の場合は長くなります。

地域については、まずは雪が多い地域は乾燥しづらいため、工期が長くなります。

また、冬場は乾燥しているという点では良いのですが、日照時間が短くなりますので、その点でも塗装には不向きといえるでしょう。

ちなみに、塗料は水分だけでなく寒さも天敵です。気温が低いと塗料が凍結することがあり、そのせいで塗料の機能が低下したりツヤが出ないなどの不具合が起きやすくなります。

その点から見ても冬は塗装に適していないといえますし、気温が5度を下回るときは基本的には工事は行いません。

季節に関しては、春は天気が安定しているため塗装に向いているといえます。

夏は、梅雨時期は雨が多く、湿度が85％を超えると基本的には工事をしないため、この期間は避けたほうがよいでしょう。梅雨が明ければ、夏は気温が高く日差しが強いため塗料が乾燥しやすくなります。また、気温が上がると塗料の粘りが弱くなるため、作業スピードも速くなります。

秋も塗装に向いている季節です。春、夏と比べて湿度も下がりますので、4つの季節のなかでは最も塗装向きといえます。

ただし、秋は台風が発生します。台風で雨が降ると作業ができませんし、台風に備える安全対策として塗料の飛散防止シートを撤去することもあり、そのせいで作業時間が延びたり、予定していた作業が延期になる可能性もあります。台風が多い地域に住んでいる人はその点に注意が必要です。

塗装工事に適した時期

	お勧め度	メリット	デメリット
春　3〜5月	◎	空気が乾燥しているため、塗料の乾燥が速い。	繁忙期であるため、希望の日程が取りにくいことも。
夏　6〜8月	梅雨× 夏○	気温が高く、日照時間も長いため、塗料が乾きやすい。	雨が多い季節なので、工期が延びやすい。暑いので、職人の作業環境が悪い。
秋　9〜11月	◎	乾燥する季節なので、塗料が乾きやすい。特に気候が安定しやすい晩秋はベスト。	長雨、台風によって工期が延びやすい。
冬　12〜2月	△	空気が乾燥しているため、塗料が乾きやすい。	気温が低いと塗料の凍結、機能低下が生じる。日照時間が短く、作業時間が短くなる。

（株）リペイント匠調べ

コーキング工事の流れ

次に、サイディングボードとサイディングボードの間を埋めるコーキングの工事について見てみましょう。

コーキングが劣化すると雨水の侵入口になり、雨漏りの原因になります。そのため、外壁塗装時にはコーキングも一緒に修復（打ち直し）するのが一般的です。

コーキングには打ち替えと増し打ちの2種類があります。

・打ち替え

既存のコーキングを撤去して新しく打ち直すことです。外壁塗装をする際は、基本的には打ち替えをします。なかには中途半端にコーキングを撤去して「打ち替えしました」と言う業者もいますが、打ち替えというのはコーキングを完全に撤去してこそ打ち替えと呼べるのです。

・増し打ち

既存のコーキングの上から新たなコーキングを加えて厚みを付けることです。サッシ廻りなど複雑な形状の位置にあるコーキングは、既存のコーキングを完全に撤去するのが難しいため、増し打ちで対応します。

コーキングと塗装の関係では、どちらを先に行うかによって、先打ち、後打ちに分けることもできます。

先打ちは塗装する前にコーキングを打ち直すことで、コーキングの上に塗装します。そのため、塗料の機能によってコーキングを紫外線や風雨などから守ることができます。ただし、コーキングは塗料より柔らかいため、コーキングが変形することによってその上に塗ってある塗料が割れることがあります。

後打ちはその逆で、塗装したのちにコーキングを打ち直すことです。コーキングが塗装で守られていないため、紫外線や風雨の影響で傷み

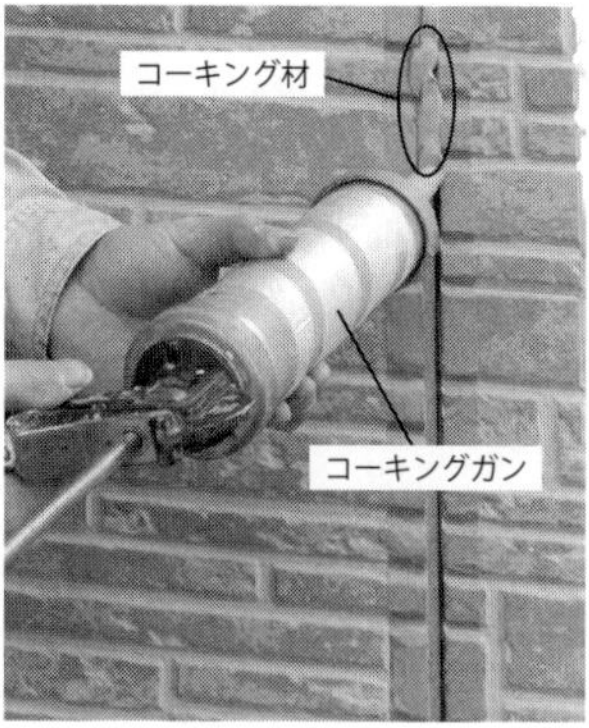

コーキング工事

やすくなります。ただし、コーキングの変形によって塗装が割れるようなこともありません。

どちらも一長一短ですので、正解はありません。

ただ、先打ちの場合、コーキングと塗装の技術が高ければ塗装が割れる可能性が低くなりますので、技術力ある業者に頼む場合は先打ちがよいでしょう。

資金計画を立てよう

本章の最後に、費用についても細かく確認しておきましょう。

外壁塗装の予算感は人それぞれです。

各家庭の家計事情が影響しますし、「細かくチェックしたい」と言う人がいれば「お任せ」と言う人もいます。

どんな仕上がりを求めるかによっても変わります。「必要最低限の塗り直しをしたい」と言う人もいれば、「デザインや機能にこだわった家に変えたい」と言う人もいます。

どちらが正解というわけではありません。

重要なのは、予算感に合った業者を選ぶこと。予算について事前にきちんと話し合っておくこと。そして、外壁塗装の費用をあらかじめ貯めておくことです。

外壁塗装の費用は一概にいくらとはいえませんが、予算の目安はだいたい80万円~100万円です。

当然、外壁のひびや雨漏りなどが見つかった場合は修理工事のお金がかかります。塗料も個々に値段が違いますので、高性能な塗料を使えばその分だけ総額も高くなります。

100万円はまとまった金額ですし、預金から出すにしても家計負担が大きいため、工事について考える際、業者選びやデザインを考えることなどと並行して、資金の準備も始めるのがよいでしょう。

例えば、10年に1度のペースで100万円の外壁塗装をするのであれば、月々1万円弱ずつ余裕をもって貯めていけば10年後に工事費用が準備できます。5年後に工事するなら月々2万円弱、3年後なら3万円弱ずつ貯めていく計算になります。相談に来る人たちを見ていると、外壁塗装のためにコツコツ貯金している人は少数派です。急な雨漏りで修理費用が必要になり、家計の大きな負担になっているケースもありますし、資金不足が原因で工事を先送りする人もいます。

そのような状態を避けるために、資金計画は着々と進めていくことが大事です。


また、リフォーム資金を貯めている人もいますが、その多くは、トイレ、浴室、キッチンなどのリフォームを想定しています。

これらは毎日のように使いますし、リフォームしたときの様子も想像しやすいため、「いずれリフォームしよう」と考えて資金を貯める人が多いのです。

一方、外壁や屋根は普段の生活のなかであまり意識することがないため、資金準備が遅れがちになります。しかし、生活への影響で見るとどうでしょうか。少々古いキッチンを使う分にはそれほど支障はありません。

外壁塗装を放置すると雨漏りの原因になりますし、躯体が腐食すると家そのものが傷みます。そう考えると、外壁塗装の費用は、建物を守るという点でも生活を守るという点でも欠かすことができない費用といえるでしょう。

資金準備をしていない人は、さっそく検討してみてください。

トイレやキッチンなどのリフォーム資金を貯めている人は、優先順位や必要性を考えたうえで、その一部を外壁塗装に回すことを検討してみてください。

費用の内訳

外壁塗装の費用の内訳は、大きく5つに分けられます。

外壁塗装費用の内訳

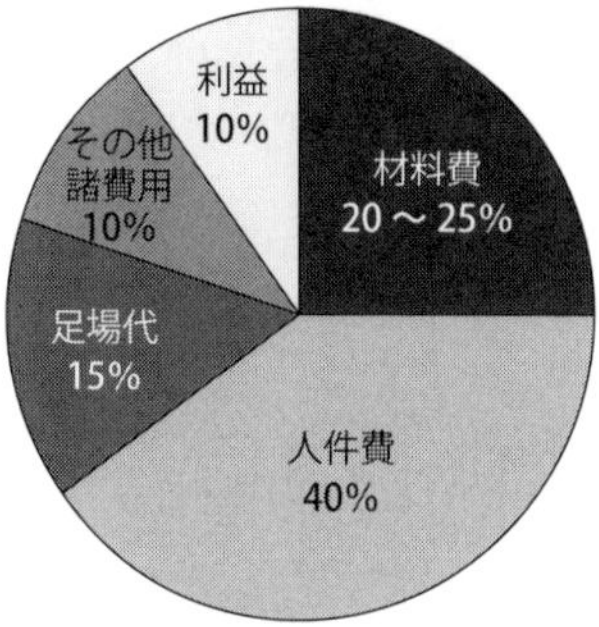

（株）リペイント匠調べ

1）材料費

塗料、養生、コーキングなどの材料費です。使用する塗料や家の劣化具合によって変動します。工事費用の約20％～25％を占めます。

2）足場代

足場を組むための費用です。外壁塗装の業者と足場を組む業者は別々であることが多いため、足場の業者に支払います。工事費用の約15％を占めます。

3）人件費

業者に支払うお金です。職人の人数、工期などによって金額が変わります。また、元請けから下請け、孫請けへと仕事が流れるほど、各業者で中間マージンが発生するため、人件費が高くなります。工事費用の約40％を占めます。

4）その他諸費用

刷毛《はけ》やローラーなどの消耗品や、工事の許可を取るための費用などが含まれます。工事費用の約10％を占めます。

5）利益

業者の利益です。全体の費用のうち約10％が利益になります。

「DIYじゃダメですか？」

外壁塗装を考える際に「DIYで予算を抑えよう」と考える人もいます。

まさか屋根を自分で塗装しようという人はいないとは思いますが「外壁くらいなら」と

考える人はいるのではないでしょうか。

実際、「自分でできる部分はありますか」と聞かれることがあります。相談を受けて現場を見に行ったときに、明らかにＤＩＹで塗装した壁で、きれいに直したいと依頼されることもあります。感覚的には、部分的な補修依頼まで含めると、10件に1件はＤＩＹのやり直しの相談です。

先に結論からいうと、外壁塗装のＤＩＹはやめたほうがよいでしょう。想像しているほど安く収まることはありませんし、時間も手間も業者に任せた場合の何倍もかかりますし、なにより危ないからです。

費用面で見ると、塗料、養生、洗浄機など揃えるだけで数十万円かかります。そのほかに刷毛やローラーも必要です。足場も必要で、最低でも15万円はかかるでしょう。

期間や手間については、足場の業者を探すところから始め、塗料などを一式揃えるだけでも1カ月はかかるでしょう。高圧洗浄の機械を手配する必要がありますし、実際に洗浄する際にはご近所に汚れが飛ばないように養生する必要があります。

そこでようやく塗装できる状態になりますが、さらに数カ月かかります。半年以上かかることもあります。春に塗り始めたとして、気づいたら冬になり、作業を中断することもあります。ゴミも大量に出ます。

そして、危険です。

足場に立っての作業は、地上数メートルでも落ちたら致命傷になります。現場慣れしている現役の職人ですら怪我することがあるのですから、知識はあるけど未経験の素人にとってどれだけ危険かは容易に想像できるでしょう。

仮に数十万円セーブできるとして、命をかけてまでやることではないでしょう。

しかも、そこまで手間ひまかけて塗装しても、きれいに仕上がるとは限りません。正しく塗装できていなければ塗料の機能も発揮できません。そして塗料の選定を間違えば塗膜が剥がれます。

安く済まそうとした結果、やり直すときに業者がＤＩＹで塗った部分を剥がす作業が発生し、高くつくこともあります。

結果として業者に塗り直しを依頼し、ＤＩＹで費やしたお金、時間、労力が無駄になるなら、最初からプロに任せたほうがよいでしょう。

「ちょっとした剥がれくらいなら……」

「コーキングの補修なら……」


そう考える人もいますが、やはりお勧めできません。

なぜなら、すぐに直せそうな塗装の剥がれに見えても、単に塗料を塗れば補修できるというわけではないからです。

きちんと塗装するためには既存の塗装を処理して、下地を塗る必要があります。この工程を飛ばして上塗りしても、すぐに剥がれてしまうでしょう。

コーキングも同じで、増し打ちして見栄えが悪くなることがありますし、打ち替えに失敗すると、そこが雨水の新たな侵入口になる場合もあります。

このようなデメリットを総合的に考えると、外壁塗装のＤＩＹは百害あって一利なしなのです。

［第3章］

業者選びで9割決まる！安心して任せられる業者の見分け方

業者選びの3つのポイント

この章では、外壁塗装を依頼する業者選びについて見ていきます。

まずは業者選びについて重要な3つのポイントを押さえておきましょう。

▼1）きちんと相談できるかどうか

外壁塗装の仕上がりと依頼者であるお客さんの満足度は、業者選びでほとんど決まります。

仕上がりについては、完成イメージをきちんと相談できるかどうかが大事です。

もちろん、職人の技術力も重要です。

しかし、希望どおりの家に塗り替えるためには、ミスが少ない、仕事が速い、塗料の知識が豊富といったことだけでは不十分です。

まずは、お客さんがどんな家を望んでいるか理解する力が必要です。そのイメージを聞き出すためのコミュニケーション力も必要です。そのような下地があって、初めて職人の技術が生きるのです。

満足度は、不明な点や分からない点を丁寧に説明して、お客さんの不安を取り除いてくれること、色や塗料選びの過程で、良いことばかりではなくデメリットもきちんと教えてくれること、そしてなによりお客さんの期待値を超えることがポイントになるでしょう。

▼2）価格より質

外壁塗装は100万円前後のお金がかかる高い買い物です。そのため、「できるだけ安く収めたい」という気持ちが働くのは当然のことでしょう。

しかし、外壁塗装は「安かろう、悪かろう」がある工事です。高い塗料を選んでも、現場で薄めて使われたら意味がありません。明らかに安い工事には、安い理由があるのです。

不当に高い工事は論外ですが、安さ第一で選ぶことも失敗につながる要因になります。

まずは質にこだわり、そのうえで価格について考えるという順番を踏まえるとよいでしょう。

この順番を意識していれば、安さをエサにして契約を取る悪質な業者に引っ掛かる可能性も低くなるでしょう。

一定の質が見込める業者が複数ある場合は、相見積もりを取って価格を比較します。ただ、その際にも注意点があります。

いくつかの見積書を並べると、どうしても「安いほうがいいかな」と考えてしまいます。そこで再び安さ第一の視点に戻ってしまうケースが多いため、どんな業者か、実績はどうか、保証はあるか、職人はどんな人たちか、といった視点も必ずもっておくようにしましょう。

▼3）時間をかけて選ぶ価値がある

3つ目のポイントは、焦って契約しないことです。

外壁塗装は急いでもいいことはありません。焦れば焦るほど「安いところでいいや」と考えてしまったり、契約を急がせる悪質な業者に騙される可能性が高くなります。

外壁塗装は、この先10年くらいの暮らしに影響します。どんな家にしたいか、どんなふうに暮らしたいかをじっくり考えることが大事ですし、業者選びに時間をかけるだけの価値は十分にあるはずです。

目的に合う業者を選ぶ

次に、業者のタイプを整理しておきましょう。
まずは外壁塗装の目的から見てみます。
外壁塗装の依頼は、だいたい次の４つに分けられます。

・外壁塗装をしたい
・屋根塗装や屋根の修理工事をしたい
・外壁と屋根を両方塗装したい

・外壁と屋根塗装に加えてリフォームもしたい

外壁、または屋根のみの塗装であれば、いろいろな業者に相談してみることができます。ただ、外壁と屋根を両方塗装する場合や、外壁、屋根、リフォームをすべて検討している場合は、業者によって一部分しか受け付けていないことがあります。外壁と屋根塗装はできるけれどリフォームは専門外、というようなケースです。

複数の工事を依頼する場合は、メインの工事を決めて業者を選定し、その業者に足場工事を任せましょう。もう一方の業者には、その足場を使って作業してもらうようにするのです。その際に、違う業者が組み立てた足場を嫌がる業者はいないと思います。工事によって足場の高さなどが違う場合がありますが、足場の組み立てをお願いする業者に、ほかに希望する工事の内容を伝えておくことで、総合的に使える足場を組み立ててくれます。業者に相談する前に、どんな工事をするのかあらかじめ整理しておくとよいでしょう。

タイプ別の特徴を押さえる

業者のタイプをもう少し詳しく見ると、主に以下のタイプに分けられます。

▼大手ハウスメーカー

全国チェーンで事業を展開している大手です。自宅をこのタイプのハウスメーカーで建てた場合、新築から数年後に外壁塗装を勧められることもあるでしょう。大手ハウスメーカーの良いところは、大手の安心感があるという点です。

悪質なことはしないでしょうし、担当者の対応もきちんとしています。経営不振で潰れる可能性も小さいため、塗装に不備などがあった場合の保証も安心できます。

注意点としては、実際の施工はハウスメーカーではなく、ハウスメーカーが発注する下請け業者が行うことがあるという点です。そのため、工事の質は下請け業者の力によって変わります。

各塗装業者のメリット・デメリット

	メリット	デメリット
大手 ハウスメーカー	・全国チェーン展開しているため、保証など大手の安心感がある	・施工は下請け業者が行う ・発注時、中間マージンが発生する
工務店	・顧客にとって、ハウスメーカーより距離感が近く、仕上がりについて細かな注文に応えてくれる	・工事の質、保証、アフターメンテナンスは工務店ごとでさまざまである
リフォーム会社	・外壁以外のリフォーム工事を検討している場合、一手に引き受けてくれる	・施工は下請け業者が行う ・発注時、中間マージンが発生する
塗装専門店	・仕上がりなどの細かな注文にも対応してもらえる ・技術力・対応力がある	・専門店を名乗りつつ、工事は下請け業者に任せているところもある
訪問販売業者	トラブルが圧倒的に多く、お勧めできない	

（株）リペイント匠調べ

また、第1章で触れたとおり、ハウスメーカーから下請けに発注する構造は多重構造ですので、下請けや孫請けへの発注時に中間マージンが発生します。ハウスメーカーから下請け、下請けから孫請けへと仕事が流れるときに、仲介料としてハウスメーカーなどがお金を受け取るため、その分だけ材料や人件費として実際に使えるお金が少なくなります。

▼工務店

ここでいう工務店は、社名に工務店と付いている大手のハウスメーカーのことではなく、地域密着型で事業をしている建築業者のことを指しています。依頼者であるお客さんから見ると、ハウスメーカーより距離感が近く、仕上がりについて細かな注文に応えてもらいやすいというメリットがあります。

例えば、ハウスメーカーの場合は自社グループで扱っている塗料（OEM塗料）しか使えないことがあります。仕上がりについても、あらかじめいくつかのパターンが決まっていて、そのなかから選ぶケースが多いといえます。

その点、工務店にはそのような縛りはありませんので、ハウスメーカーよりも柔軟に対応してもらうことができます。

ただし、工務店の方の塗装の知識は浅いので注意が必要ですし、工事の質は工務店の職人の腕次第です。保証やアフターメンテナンスの内容も工務店によってさまざまですので、工務店ごとの長所、短所を見極めることが大事です。

▼リフォーム会社

外壁や屋根の塗装以外に、リフォーム工事もまとめて引き受ける業者です。最近はホームセンターや家電量販店などが窓口となり、リフォームや外壁塗装を受け付けているケースがあります。

トイレ、風呂、キッチンなどのリフォームを検討している場合は、このタイプの業者にメリットがあります。一度に依頼できますし、窓口が1つで済みます。塗装とリフォームをまとめることで工事費用が安くなる可能性がありますし、値引き交渉もしやすくなります。

ただ、大手ハウスメーカーの場合と同様に、実際の工事は下請け業者が行うことがほとんどですし、塗装の知識もカタログに書いてあることを知っている程度です。

その際に中間マージンが発生し、実際に工事をする業者の腕は分かりません。

また、依頼者、受注者（リフォーム業者）、下請け業者の三者でコミュニケーションすることになるため、依頼内容などが伝言ゲームになり、伝わりづらくなる点にも注意が必要です。

▼塗装専門店

外壁塗装に特化した業者です。工務店と同様、塗装専門店も基本的には地域を商圏にしていますので、依頼者にとって距離が近く、仕上がりなどについての細かな注文に対応してもらいやすいという特徴があります。

また、外壁や屋根の塗装で事業をしていますので、その点での知識や技術力・対応力も安心できるといえるでしょう。

ただ、塗装専門店を名乗る業者は数多くありますが、そのなかには、依頼を受けるだけで、実際は職人が1人もおらずすべての工事を下請けに丸投げしている業者もいます。それでは専門店と呼ぶには不十分です。

塗装について1から10まできちんと対応してもらうために、自社で職人を雇って教育しているかどうかを見極めることが重要です。ちなみに私たち「リペイント匠」も塗装専門店で、自社で職人をしっかり教育しています。

▼訪問販売業者

営業担当者が町を回り、各家のインターフォンを押して外壁塗装の飛び込み営業をする業者です。

そもそもの話として訪問販売業者はお勧めできません。なぜなら、外壁塗装やリフォーム工事のクレームを見ていくと、このタイプの業者に依頼し、トラブルになっているケースが圧倒的に多いためです。
そのため、訪問販売業者が来た場合は、「そろそろ塗り替えが必要なのだな」と考える1つの材料にするくらいにとどめておくのがよいでしょう。

こんな営業トークは注意

訪問販売業者がよく使う営業トークがいくつかあります。

・不安をあおる

「すぐに外壁の工事をしないと家がダメになります」「雨漏りします」「瓦が剥がれます」といった言葉で不安をあおり、契約を急がせます。

外壁や屋根は、劣化の具合が家の外からすぐに分かるため、訪問販売しやすいという特徴があります。そのため、まずは外から壁などを見て、多少でも劣化を確認できたときにインターフォンを押し「このまま放っておくと大変ですよ」と不安をあおるのが訪問販売業者の基本的な営業方法です。

業者はおそらく、「不安をあおる」「工事が必要だと思わせる」「契約に結びつける」という3ステップで契約を取ろうと考えています。

もしかしたら本当に劣化している部分があるかもしれません。しかし、仮にそうだとしても、まずは自分で良い業者を探すようにしましょう。

・割引を提案する

「本来なら200万円ですが、本日中に契約してくだされば80万円にします」「立地が良いので格安なモニター価格で塗装できます」などと提案し、安さに釣られやすい人から契約を取ります。

値引きがエサになりやすいのは、外壁塗装の相場を知らないお客さんが多いためです。

工事費は、家の大きさ、周辺環境、使用する塗料などによって変わります。どういう条件のときに、どれくらい高くなる（安くなる）かも不透明です。そのため、業者が提示する価格は「言い値」になりやすく、その価格が相場以上に高かったとしてもお客さんには気づかれにくいのです。

この状況を悪用することで「特別に値引きします」という売り方ができます。

仮に値引き額が20万円だとすれば、本来100万円の工事を120万で提示し、20万円値引きしたように見せ掛けることができますし、本来100万円の工事を150万で提示し、20万円値引きして売る（お客さんは100万円の工事に130万円払うことになります）ことで利益を水増しすることもできてしまうのです。


値引きではなく、最初から安さを売りにしている業者もいます。

例えば、他社で見積もると100万円くらいの工事を、半額やそれ以下の価格で引き受けるような業者です。

価格だけで比べる人は、このタイプの業者に興味をもつでしょう。

しかし、お勧めしません。なぜなら、外壁塗装は簡単に安くできる仕事ではなく、「安かろう、悪かろう」が当たり前にある業界だからです。

お客さん側から見ると外壁塗装の相場はよく分からないものかもしれませんが、実は塗装料金の内訳はだいたい決まっています。材料の塗料は原価が決まっていますし、道具代も決まっています。作業代金も塗装する面積によって決まります。そこに常識の範囲内の利益を乗せて、料金が決まっています。

つまり、多少ならともかく、大幅に安くできる要素がほとんどないのが実態なのです。

・「無料」という言葉で関心を引く

「無料で診断します」「外壁が危ないようなので点検させてほしい」と訪問し、「無料ならいいか」と思わせます。当然、無料の診断や点検の結果として「外壁がだいぶ傷んでいる」「すぐに塗装したほうがよい」といった提案をします。

このような話を聞いたとしても「安いな」「無料か」などと乗ってはいけません。「ここで契約すると高確率で失敗する」と考えて、冷静に聞き流すのがよいでしょう。

少なくとも、その場で契約はせず、いったん帰ってもらいましょう。その間に、家族でも友人でも、誰かに相談してください。適正価格の提案である可能性がないわけではありませんが、ほかの業者と比較してみることも大事です。

・前払いを求める

「契約時に全額支払うと安くなります」などと提案し、前払いを求めます。

これは論外です。もしかしたら本当に安くなるのかもしれませんが、多少の値引きのために、全額持ち逃げされるリスクを取ってはいけません。

持ち逃げされなかったとしても、業者はすでにお金をもらっているため、「適当に終わらせて次に取り掛かろう」と考え、手抜き工事をする可能性があります。あるいは、「手が空いたときにやればいい」と考えて、工期を伸ばしたり、なかなか着工しないこともあります。

「着手金を払うと安くなります」「実際の工事がスタートするときに料金の一部、残りは工事完了時にお支払いください」なども、前払いを促す営業トークの一種です。

金額がいくらであれ、全額ではなく一部だけだったとしても、前払いはお客さん側にとってリスクですし、このような提案をする業者も避けたほうがよいでしょう。

・嘘をつく

「この塗料は40年もちます」「絶対に剥げません」など嘘の営業トークでお客さんの関心を引きます。

このタイプも論外です。

なぜなら、現実には、40年もつ塗料も絶対に剥げない塗料も存在しないからです。塗料について補足しておくと、最新の高品質な塗料でも、耐用年数は長くて20数年です。長くても約20年後、現実的には15年くらいで次の塗り替え時期がきますので、「うちの塗料は40年もちます」と言う業者や、「30年間、メンテナンスなしで大丈夫です」などと言う業者は避けるのが正解ということです。

ドアを開けずに断るのが正解

悪質な訪問業者にもう1つ共通しているのは、騙しやすい人や弱い人を狙うという点です。

例えば、一人暮らしの高齢者や気が弱そうな女性です。そのような人は、そもそも安易にドアを開けないほうがよいのですが、つい応じてしまうこともあるものです。出先から戻ったときに玄関前で声を掛けられることもあります。

そのような場合は、「忙しい」「手が空いていない」などの理由で断るのが最も無難です。間違っても家の中に入れてはいけません。

業者はなるべく怪しまれないようにするため、「築何年ですか?」などと質問するでしょう。

相手に失礼かな、と思っても、会話には乗らず、「興味ありません」「分かりません」「お帰りください」で対応するようにしましょう。相手が居座るようなら「警察を呼びますよ」と伝えればよいでしょう。それでも居座るなら本当に警察に連絡しましょう。

頼んでしまったらどうするか

訪問販売の業者と契約してしまった場合は、クーリングオフ制度によってその契約を解除することができます。

ただし、クーリングオフの適用には条件があります。

まずはクーリングオフの期限内であることです。クーリングオフで解約できるのは、契約した日から8日以内です。この期間を過ぎると解約できなくなりますので、不満や不安がある場合は急いで業者に契約を解除したいと伝えましょう。

次に、業者が法人、依頼者である自分が個人であることです。

クーリングオフは個人を守るための制度ですので、依頼者が個人でなければなりません。また、相手は法人に限られます。家の外壁塗装はほとんどがこのパターンに当てはまりますが、自分の会社で依頼するときなど、会社と会社の契約はクーリングオフの適用外になるので注意しましょう。

ちなみに、クーリングオフが適用されるのは訪問販売のように相手から売り込みがあったときのみで、自分で業者に相談に行ったり、業者を呼んで契約した場合は適用されません。

つまり、自主的な契約には逃げ道がないということです。そのことを十分に踏まえたうえで、ブラックな業者はもちろん、グレーな業者もきちんと避け、慎重に業者を選ぶことが大事です。

良い業者を選ぶポイント

では、業者のタイプを踏まえたうえで、良い業者を探すにはどうしたらよいのでしょうか。

重要なポイントは5つあります。

1）地元の業者
2）保証・保険がある
3）自社専属の職人がいる
4）技術力がある
5）提案力がある

▼1）地元の業者

まずは、地域をよく知る、地元の業者であることが大事です。

お客さんの自宅と業者の距離が物理的に近いほど、何かあったときにすぐに来てもらえます。打ち合わせについても、コロナ禍の影響でリモートで行うケースが増えましたが、近ければ近いほど相談しやすく、自宅の外壁や屋根など現物を見ながら細かな相談ができます。

また、業者が家から近ければ、依頼する際に業者の様子を見に行くこともできます。業者の外観だけですべてを推し量ることはできませんが、外壁や屋根の塗装をするわけですから、外観が汚れている業者を見て「ここに頼みたい」とは思わないでしょう。

地元密着型であれば過去に施工した家も周辺にあります。現物がどのようなものか見に行きやすいのも地元の業者に依頼するメリットです。

す。

▼2）保証・保険がある

２つ目は、施工後の保証やアフターフォロー、工事中の保険がきちんとしていることです。

外壁塗装は、終了直後はきれいに見えるはずです。しかし、施工が悪かったり手抜きした部分などがあれば、2、3年後に色ムラなどが現れることがあります。また、ごく稀ではありますが、塗料生産工場の生産ライン上でのミスで、塗膜に不具合が出るときもあります。そのような状況に対しても、保証・保険がある業者であれば再度塗り直しをしてくれます。

屋根についても、雨漏りを修理した直後は直ったように見えるかもしれませんが、しばらくして雨漏りが再発するケースがあります。

このようなときの備えとなるのが業者の施工保証です。

保証がない場合、色ムラの修正や雨漏り工事のやり直しのために別途料金が発生する可能性があります。外壁塗装は基本的には塗ってから10年くらいもたせるものですし、雨漏りは、同じ場所の雨漏りが再発しないことが大前提です。そのため、長期保証がある業者が望ましいですし、そもそも長期で保証できるくらい経営が安定している業者を選ぶことが大事です。実際に私の会社に相談に来るお客さんのなかには、「工事から数年経って修理をお願いしたいのに、業者と連絡が取れない」という方が少なくありません。

また、保証は工事の質に対する自信の表れでもありますので、保証を付けている業者のほうが技術力があるという見方もできると思います。

工事中の保険は、工事中に事故があったときのための備えです。

外壁塗装の工事は、足場を組んだり高い場所で作業を行ったりするため事故が起きる可能性があります。職人の過失で家の物が壊れたり窓ガラスが割れたりすることもありますし、隣の家や車などに塗料が飛び散ることもあります。そのような場合でも業者が保険に入っていれば損害賠償金が出ますので、補償トラブルになるリスクが小さくなります。

保証の内容はさまざまですので、一例として私の会社の保証の例を紹介しましょう。

私の会社は施工完了したお客さんに無料で施工保証書を発行し、5～10年間の施工保証をしています。保証期間に開きがあるのは、使用した塗料の種類などによって保証内容が変わるためです。例えば、シリコン塗料の塗装なら5～7年、フッ素塗料とガイナ（株式会社日進産業）は8年～10年、無機ハイブリッド塗料は10年以上といった差があります。

また、塗料にはメーカー保証が付いている場合もありますので、一部の塗料については無料で二重の保証が付くことになります。

ちなみに、保証期間が過ぎたあとでも、何か問題が発生した場合はきちんと対応します。

私の会社に限らずですが、技術力や対応力に自信がある業者は、基本的には保証期間に縛られることなくアフターフォローしています。

なぜなら、問題が起きないように施工している自信がありますし、万一にでも不良施工を放ったらかしにすれば、それが悪評となって自分たちに跳ね返ってくると分かっているからです。

▼3）自社専属の職人がいる

自社専属とは、自社で採用し、雇用し、教育しているという意味です。

外壁塗装業界は多重構造ですので、実はこのタイプの業者は多くありません。

実際の工事は下請けに任せることを前提に営業と受注に力を入れていたり、複数の下請け業者を使って依頼を管理するだけの仕事に終始しているような業者が多いのが実態なのです。

業者をいろいろと見ていくと、「技術力のある職人がいます」「専属チームが塗装します」などとアピールしている業者もあります。しかし、実態は微妙です。

「技術力のある職人」が、下請けに出す業者のなかにいるのかもしれませんし、定期的に下請けに出す業者のことを「専属チーム」と呼んでいるかもしれません。

このような業者は多重構造と同じです。自社で採用し、雇用し、教育している職人がいるかどうかが大事なのです。

自社の職人で工事できれば、多重構造で発生する中間マージンがなくなり、お客さんの費用をすべて工事に使えるようになります。

一概にはいえませんが、複数の中間マージンが発生する大手ハウスメーカーに依頼する場合と比べると、同じ質の工事を半分くらいの値段で行うこともできます。また、お客さんと業者の1対1の付き合いになりますので、意思の疎通が図りやすくなり、伝言ゲームのようなコミュニケーションでトラブルが起きる可能性も低くなります。

ただし、自社の職人がいても、技術力や対応力が低ければ工事の質は下がります。

そのため、自社で採用し、雇用するとともに、教育していることが重要なポイントなのです。

▼4）技術力がある

技術力があるのは外壁塗装業者として当たり前のことです。技術力を見抜くのは難しいですが、例えば、塗装は塗装技能士という国家資格があります。この資格は技術力を証明するものの1つですので、業者選びの際に確認してみるとよいでしょう。ちなみに、塗装技能士には一級と二級があり、一級のほうが難易度が高く、より高い技術が求められます。

また、過去に塗装した家を見たり、インターネット上の口コミ情報などによっても、技術に定評がある業者かどうか見えてくるでしょう。

口コミについては、例えば、業者の評判などについてはインターネットで検索して複数の情報を見ることができます。口コミ情報1つ1つの信憑性には差がありますが、投稿者が自分で撮影した写真などをアップロードしているコメントは信頼度が高いといえるでしょう。

各業者のウェブサイトで「お客様の声」や「アンケート回答」などを紹介しているページも口コミの一種ですが、自分の会社の宣伝のために作っているページだということを前提に読む必要があるでしょう。

ユーザーの顔写真や手書きの手紙の写真などがなく、ただテキストで「大満足です」「依頼してよかったです」などと打ち込んでいる場合、実際にはそのような声がなくても作れてしまうため、話半分で見たほうがよいですし、私は個人的には信用しません。

また、紹介サイトやアフィリエイト目的の個人のブログも、良いコメントを抜粋していたり、「サクラ」のような人が書いていたりする可能性があるため、鵜呑みにしないほうがよいでしょう。

ちなみに、大手メディアなら信用できるかというと、最近はお金をもらって良いコメントを書く口コミ代行というアルバイトもあります。

「とても丁寧で信頼できる会社です」「とても満足しました」といった中身が薄いコメントや具体性に欠けるコメントは参考にしないほうがよいでしょう。

口コミや評判を調べる方法としては、フェイスブック、インスタグラム、ツイッターなどのSNSを見る方法もあります。

業者のアカウントの場合は自社ウェブサイトと同じ程度の信頼性にとどまりますが、外壁塗装をした人が個人のアカウントで感想や写真を投稿していることがあります。

自社アカウントだった場合も、個人の人に向けたリプライや、仕事とは直接的には関係がないプライベートな投稿などを見ることで、その業者の対応力や人柄などを感じ取れることがあるはずです。

▼5）提案力がある

良い業者を選ぶためには、技術力のほかに提案力も必要です。

提案力は、「こういうデザインはどうか」「この塗料を使うとこんな効果が期待できる」など、依頼者であるお客さんが知らないことや分からないことなどを、専門家の立場から提案する力のことです。

外壁塗装業者は、一言でいえば壁や屋根を塗る業者です。

しかし、せっかく大金を使うお客さんとしては、より良い家にするためのアイディアやアドバイスを受けられるのが理想です。

そのためには、単に塗装する塗装屋でなく、デザインや機能面の提案ができる業者を選ぶことが大事です。そのような力をもつ職人を、私たちはペイントデザイナーと呼んでいます。

ワンポイントでイラストをあしらう

塗装というと、壁一面をローラーで一色に塗りつぶす作業をイメージする人が多いことでしょう。

もちろん、ムラなく塗りつぶすのにもそれなりの技術が必要です。

一方で、壁はいわばキャンバスのようなものですから、アイディア、発想、センス、技術力を駆使することで、さまざまな見た目に変えることができます。

例えば、平坦な壁をレンガ調に見せることができますし、木目調に見せることもできます。

家のアイコンとなるようなイラストを手描きで描き入れることもできますし、白いモルタルを使って凹凸をつけ、手触りを変えることもできます。

提案力がある業者なら、例えば「アンティーク風にしたい」というお客さんのリクエストを受けて、アイディアを駆使した提案ができるものなのです。そのような業者を見つけられれば、仕上がりについて相談しながら、イメージを膨らませることができます。

期待を超える仕上がりになり、満足度も高くなることでしょう。

「お客さんの期待を超える」ことは、実は、作業をする職人にとっても大きなモチベーションになります。働く側の意識として「自分は単なる塗装屋」と思っているとやる気が高まらないものです。

「ペイントデザイナーとして提案できる」
「お客さんの期待にアイディアと技術で応えられる」

そんなふうに思えることで、やる気が高まり、発想力も高まるものなのです。そのような業者を探す方法として、過去に塗装した実績をよく見比べてみてください。

変わったデザイン、自由度が高い塗装、塗装例のバラエティに富んでいる業者などを見つけたら、塗装の経緯を聞いてみましょう。

「この家はお客さんからのリクエストで、細部までこだわって塗装しました」
「モダンなイメージというリクエストを聞いて、玄関廻りを塗り分けました」

そんな答えが聞ける業者が見つかれば、満足度が高い塗装になる可能性が高くなります。
ちなみに、そのような塗装をするためにも、中間マージンがなく、自社で職人を雇っている業者がお勧めです。実際に作業をする職人と直接コミュニケーションできますし、中間マージンがない分、費用に余裕をもってさまざまなことに挑戦できるからです。

良い業者を探す方法

本章の最後に、良い業者の探し方を見ていきましょう。

▼チラシ、折り込み広告

1）で挙げた地元の業者で良い業者を探すという点から見ると、地域密着の業者は地域を限定してお客さんを集めますので、チラシや新聞の折り込み広告が最も身近な手段となるでしょう。チラシや広告を溜めていけば、地元にどんな業者がいるか分かってきます。気になる業者があれば、出掛けるついでに見に行ってみるとよいでしょう。

また、チラシや広告にはある程度のデザイン性が求められます。チラシも外壁塗装も、ともに制作物であると考えれば、チラシのデザインは業者のペイントデザイナーとしてのデザイン力を推し量る材料の1つになるでしょう。

また、チラシの文言としてどんなことが書いてあるか見ていくと、その業者がどんなことに力を入れている業者なのかも見えてくるでしょう。

例えば、安さ重視で仕事を取る方針なら、チラシのメッセージも価格の話が前面に出るものです。自社の職人に自信がある業者なら、職人の顔などを載せます。

そのような点に着目しながら、相談してみたい業者の目星を付けていくとよいでしょう。

▼インターネット（自社サイト）

業者探しでは、インターネットのウェブサイトも有効な手段です。ただし、チラシや新聞の折り込み広告などと比べると、インターネットは広範囲で集客することに長けているツールですから、地元の業者でウェブサイトを作っているところは少ないかもしれません。そもそも業界全体の特性として、異業種よりデジタル化が遅れているという側面もあります。

地元業者のサイトがあった場合には、チラシと同様、デザイン性やメッセージなどに着目して見比べてみるとよいでしょう。

また、ウェブサイトはチラシのようなスペースの制限がありませんので、たくさんの情報を発信できます。情報発信の量という点では、積極的に情報発信している業者のほうが信頼できるでしょう。

施工の流れ、工事中の様子の写真などがあれば、どんな人が、どんなふうに施工するのかイメージしやすくなります。

重要なのは、施工する職人の「顔が見える」ことです。

顔が見えれば親近感がもてるでしょうし、業者側としても、仕事に自信をもっていなければ顔や名前は出しません。

過去に塗装した家の写真などがあれば、それらも業者選びの参考になるでしょう。

逆に、そのような実績が少ない業者や載っていない業者は少し警戒したほうがよいかもしれません。実績がないということは、自信をもって見せられる塗装例がないかもしれないからです。

▼比較サイト

インターネット上の業者探しでは、複数の業者に一括で問い合わせできる比較サイトを使うこともできます。全国すべての地域を網羅しているわけではありませんが、住んでいる地域で検索できれば、地域の業者の一覧が見られますし、一括で見積もりを取ることもできます。

このようなサイトは非常に便利です。

1つ1つ業者探ししなくても、「あらかじめ登録されている業者」のなかから地域の業者を選び出してくれますし、現地調査や見積もり依頼のための連絡も代行してもらえます。異業種ではすでにこのような比較サイトを使う選び方が普及していますので、レストラン選び、中古車の購入、不動産を売るときの価格査定などで使ったことがある人も多いことでしょう。

ただ、デメリットもあります。

その1つは、「あらかじめ登録されている業者」の情報しか見られないということです。

何事もインターネットで完結するほうが楽ですし、それが日常生活では当たり前になりつつありますが、外壁塗装のように大金を払う場合、また、その工事によって今後10年間の暮らしに影響が及ぶような場合は、楽な方法にだけ頼るのではなく、比較サイト以外にも良い業者がいないかどうか探してみるひと手間が大事です。

また、「あらかじめ登録されている業者」は、無料で比較サイトに登録されているわけではなく、広告料が発生しているケースが多いはずです。

例えば、比較サイト経由で契約が決まった場合に、工事代金の10％を比較サイトに支払う、といったケースです。

そのお金がどこから出ているかというと、直接支払うのは業者ですが、一歩引いてみると、お客さんが払った工事代金の一部ともいえるでしょう。仮に１００万円の工事を依頼したら、そのうちの10万円が比較サイトに渡ります。すると、業者は実質的には90万円で工事を行うことになり、お客さんが払った１００万円との差額は、どこかで埋め合わせすることになります。もしかしたら、もともと90万円で収まる工事に、お客さんが１００万円払っているのかもしれません。

あるいは、工事の途中で10万円相当の手抜きが行われるのかもしれません。

これは、構造的には多重構造で中間マージンが発生する状態と同じですので、その点から見れば、便利なサイトに頼らずに、自分で業者探ししたほうが満足度が高い施工になる可能性が高くなります。

▼知人、友人の紹介

近くに外壁塗装をしたことがある知人や友人がいる場合、その人に業者を紹介してもらう方法もあります。知人や友人の意見は信頼性が高いのが特徴です。塗装した家を実際に見せてもらうことができますし、工事中の対応はどうだったか、感想はどうか、気になった点はあったか、満足度はどれくらいかなど、依頼者として聞きたいことが聞けます。場合によっては、知人や友人からの紹介ということで、紹介割引が受けられることもあります。

業者側としても、紹介者の顔に泥を塗るわけにはいきませんので、いつもより丁寧にやろうと思うでしょうし、対応にも工事にも気を配るでしょう。

注意点としては、家は1つ1つ形も状況も状態も違うことです。そのため、知人や友人が大満足だったとしても、自分も同じように大満足できるとは限りません。

もう1つは、知人や友人の紹介で業者に相談すると、「別の業者にも話を聞いてみたい」「ほかの業者に依頼したい」などと思ったときに断りづらい場合があることです。

契約して工事が始まると、その過程で不満があったときもクレームをつけづらくなることがあります。

これは業者の良し悪しというよりは知人や友人との関係性によるところが大きいのかもしれません。紹介してもらう場合は、断っても後腐れがないように「契約に至らなかったらごめんね」とあらかじめ断っておくなどの配慮をしておくとよいでしょう。

▼経験者の声

リアルな声を聞くもう1つの方法として、依頼しようか検討している業者に、過去に塗装した家を紹介してもらうことができます。

地元の業者なら、過去に塗装した家もおそらく近くですから、見に行くことができます。業者によっては、塗装した家のオーナーを紹介してくれることもありますし、オーナーと直接話ができれば、感想を聞くことができます。過去に塗装した家のオーナーを紹介できるということは、工事の仕上がりに満足している人がいるということですし、そのあとも良い関係を築いているという証しともいえます。その点から見ても、「工事の感想を聞ける過去のお客さんはいますか？」と聞いてみることは良い業者選びにつながるポイントといえるでしょう。

職人への差し入れはどうする?

外壁塗装をご依頼いただいたお客さんから、「職人さんたちのトイレはどうするのか」「お茶やお茶菓子は必要か」といった質問を受けることがあります。

トイレは、現場近くの公園で済ませたり、休憩時の買い物の際にコンビニで済ませますので、依頼主の家のトイレを使うことは基本的にはありません。トイレを借りることが失礼という理由もありますが、作業中は作業着が汚れていますので、その状態で家に上がり、どこかに塗料が付いてしまうのを避けるという理由もあります。

お茶やお茶菓子も基本的には不要です。職人の休憩時間は10時と15時と決まっていますが、仕事の進み具合によって時間をずらして休憩することがあります。現場判断で休憩するため、気遣いは不要です。

COLUMN ②

ただ、差し入れしてくださるのだとしたら、経験上、以下のようなものはとてもありがたいと感じます。

・小分けされたもの

職人は複数で来ることが多いため、小分けされたお菓子などは分けやすく、多くの職人に好まれます。また、休憩時間は決まっていますが、職人個々の仕事の状況によって食べられる時間が異なることがあるため、その点でも、自分のタイミングで食べられる小分けのものがよいといえます。

・日持ちするもの

職人たちの仕事の状況により、いただいたものをその日のうちに食べられないことがあります。そのため、日持ちする食べ物がありがたいです。

・季節に適したもの

夏は塩分、水分が抜けるため、塩分のある煎餅、おにぎり、冷たい飲み物などはとてもありがたい差し入れです。冬場は逆に体が冷えるため、温かい飲み物がありがたいです。

［ 第4章 ］

業者との打ち合わせ開始から工事終了まで押さえておきたい7つのステップ

相談から完工まで　7つのステップ

外壁塗装の相談、契約、工事までの流れをまとめると、次のようになります。

1）相談・現地調査
2）見積書の確認・契約
3）工事内容の打ち合わせ
4）塗料の打ち合わせ
5）色の打ち合わせ
6）施工
7）完工

理想どおりの仕上がりを求め、期待以上の家にするために、また、打ち合わせの不備によって思わぬ落とし穴に落ちないためには、以上の7つのステップについて、押さえてお

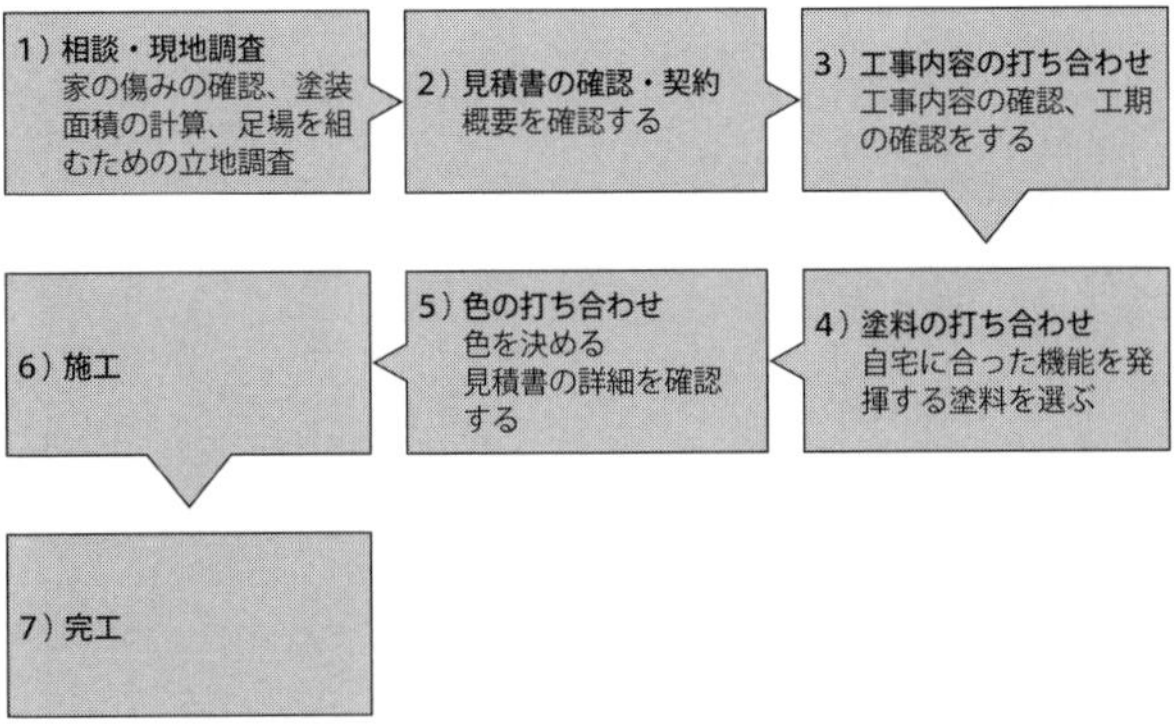

相談から完工まで　7つのステップ

きたいポイントを把握しておくことが大事です。

その前に、依頼者であるお客さん側として、やっておいてほしいことがあります。

それは、仕上がりのイメージを固めることです。これは業者に相談する前に行う必要があります。というのも、完璧なイメージとまではいわないまでも、「こんな家にしたい」「こんなふうに暮らしたい」といったある程度のイメージがないと、相談が進まないからです。業者の提案だけで施工しても、「理想の家になった」という満足感は得づらいでしょう。

そのため、イメージづくりは重要ですし、そこに時間をかけることも大事です。

例えば、休日などに夫婦や親子で散歩してみると、きれいな家やかっこいい家が目に留まるかもしれません。

住宅雑誌などをめくってみれば、そこにも理想に近い家が見つかるのではないでしょうか。

そのような情報をインプットしつつ、どんな色がよいか、どんなデザインにしたいかを考えて、イメージをつくっていきましょう。

イメージが膨らんだら、前述した7つのステップを踏まえて、まずは業者への相談からスタートします。

▼1）相談・現地調査

業者に相談を申し込むと、担当者が家に来て現地調査を行います。

外壁の場合はひび割れやチョーキングの有無、コーキングも同様にひび割れ、亀裂、剥がれなどを確認します。屋根は簡単には上がれないため、梯子《はしご》を使って確認するか、ドローンを使って傷みを確認します。

現地調査では、塗装面積の計算や、足場を組むための立地調査なども行います。

このときに調査した内容が、のちに作成する見積書に反映されることになります。

詳細な金額を出すためには雨漏りなどの状態を確認したり、追加で修理、塗装する場所などを決める必要がありますが、現地調査の段階で概算を知ることもできます。

このような調査をすべて含めて、現地調査はだいたい30分から1時間くらいと思っておくとよいでしょう。

対面の相談では具体的な工事内容などを話します。

あらかじめ考えていた仕上がりのイメージと工事内容についても、このときに伝えます。

仕上がりのイメージとして参考にしたい写真や雑誌などがある場合は、このときに見せるとよいでしょう。

良い業者を見つけるためのポイントとして、相談するときに業者の対応を見ることも大事です。
注目したい点は2つあります。
1つは、塗装工事の専門家が適切に対応してくれるかどうかです。
もう1つは、対応する際の態度や言葉遣いに問題がないかです。

1つ目については、社内に工事の専門家がいるかどうかを判断する基準の1つになります。

お客さんは、相談した業者が実際の工事を行うのだろうと思います。しかし、実際には相談した業者ではなく、別の業者が下請けとして施工することがあります。
相談のために連絡した業者が工事を行う業者と別である場合、そこには工事の受付ができる人はいても、工事の内容などについて詳しい人がいません。お客さんとしては、細かな質問に答えてもらえず、知りたいことが聞けないことが多いのです。

「担当者から連絡させます」
「工事に詳しい者がのちほど連絡いたします」

このような対応だった場合は、実際の工事は別の業者が行うのだと思ったほうがよいでしょう。多重構造について説明したところでも触れたとおり、受け付ける業者と施工する業者が異なる場合、何かトラブルがあったときの対応などが伝言ゲームになりがちです。また、元請けから下請けに仕事が依頼されると、そこで中間マージンが発生しますので、工事代金も元請けが工事するときと比べて高くなります。

▼2）見積書の確認・契約

次に、見積書を出してもらいます。見積書の確認は大きく分けて2つ、工事概要に沿った確認と、塗装の詳細に沿った確認があり、この段階では概要の確認をしたうえで、相見積もりを取ると安心です。詳細の確認は色の打ち合わせを終えてから行います。

また、この時点で支払い方法もきちんと確認しておきます。

前章でも少し触れましたが、工事費用は基本的に全額後払いです。全額後払いであることを確認し、工事完了後、いつ支払うのかを確認します。追加工事が発生した場合は支払額が変わることがあるため、どのタイミングで新たな金額が分かるかも聞いておきましょう。分割で支払う場合は、分割方法についてもこのときに確認しておきます。

依頼したい業者が決まったら、契約に進みます。

外壁、屋根のほかに付帯部の塗装などを依頼したい場合も、契約前に相談しておくようにしましょう（付帯部の塗装など追加工事については第5章で詳しく説明します）。

見積書の概要を確認

概要を確認するといっても、外壁塗装の見積書を見たことがある人はほとんどいないのが実態です。どこを、どう見ればよいか分からない人も多いことでしょう。

概要を把握するには、工事内容で分けるのがよいでしょう。

工事内容で分けると、見積書の項目は5つに分けることができます。

1）足場工事
2）下地処理
3）外壁塗装
4）屋根塗装
5）付帯部の塗装

見積書にはさまざまな項目が記されますが、どれだけ項目が多くても基本はこの5項目です。

見積書を受け取ったら、ペンで線を引き、5項目に分けて見ると、工事の内容や費用の割合がつかみやすくなります。

外壁塗装・屋根塗装の総額は、30坪前後の一戸建てで90万円ほどです。

ただし、これはあくまでも一般的な金額です。工事内容、家の状態、使用する塗料のグレードによって上下しますので、見積書をきちんと確認し、納得できる内容になっているか確認することが大事です。

費用感をつかむための一例として、私の会社で引き受けている一戸建て（30坪）の外壁塗装の工事費用を紹介しましょう。

1）足場工事　12万円前後

2）下地処理　3万～5万円（和風の家）、15万円前後（洋風の家）

補足：洋風の家が高いのは、和風の家と比べてサイディングの目地（コーキング）が多く、打ち直しなどにかかる修理が多くなるためです。

3）外壁塗装　30万円前後（壁面積120平方メートル。シリコン塗料を使用）

内訳：高圧洗浄1万2000円、下塗り7万2000円、中塗り12万円、上塗り9万6000円

4）屋根塗装　15万～20万円

5）付帯部の塗装　20万円前後（和風の家）、15万円前後（洋風の家）
補足：付帯部というのは外壁や屋根以外の雨戸や戸袋、雨どい、破風《はふ》などの細かい塗装部位全般を指します。和風の家が高いのは、洋風の家と比べて付帯部が多く、構造が複雑で手間がかかるものが多くなるためです。

これらを足すと、概算で、和風の家で85万円前後、洋風の家で90万円前後くらいになります。

相見積もりを取る

価格が適正かどうか確認するために、複数の業者から見積もりを取るのが安心です。

その際に注意したいのは、安さに釣られないようにすることです。

「少しでも安くしたい」「安い業者を選びたい」そう思うのは当然です。

しかし、他社より圧倒的に安い業者は、もしかしたら手抜き工事をするかもしれません。

冷静に考えれば単純な話ですが、業者側も仕事が欲しいので価格を競うことになります。その価格競争がダイレクトに、実際の工事現場の予算を下げていくからです。

塗料を薄め過ぎたり、下塗り、中塗りを十分に乾燥させずに工事を急いだりする可能性があります。安い業者は安心できないと断じることはできませんが、満足できる仕上がりを求めるのであれば、安さのみで選ぶのはやめたほうがよいでしょう。

また、見積書を見ながら業者と価格交渉をすることもあることでしょう。

「もうちょっと安くできないか」「他社より5万円高いので、もう少し負けてほしい」そのような値下げ交渉で総額を安くしようと考える人もいます。

その気持ちもよく分かるのですが、安さを求めるほど仕上がりが悪くなる可能性があります。

その理由の1つは、安くする分、塗料などを最小限にし人件費を少なくしなければならなくなるためです。

塗装工事というのは、手間をかけようとすれば、どれだけでも丁寧にできますし、手を抜こうと思えばどれだけでも手を抜けるものです。せっかく高グレードや高機能の塗料を選んでも、しっかりと塗らないと本来の機能を果たしませんので、意味がありません。

ですので、一番下げられるのは人件費です。

むやみに高グレードの塗料を使う必要はありません。

しかし、高耐久、遮熱・断熱、防水、防汚といったさまざまな機能を求めるのであれば、しっかりと手間をかけ塗装する必要があります。

また、値切り交渉で仕上がりが悪くなるもう1つの理由として、職人のモチベーションが下がる可能性があります。

お客さん自身の仕事に置き換えてみると、「安くして」「負けて」ばかり言われていると、「いい仕事をしよう」「期待を超えよう」といった気持ちが低下するというのはおわかりいただけるのではないでしょうか。値下げ交渉で数万円安くできることはあるかもしれませんが、満足できる家にするという視点から見ると、その交渉が逆効果になることもあるのです。

少し極端な例ですが、私たちが相談を受けたお客さんで、オークションのような形で業者選定をしていたことがありました。

現地に行くと、すでに複数の業者が家の廻りを計測しています。何社いたか分かりませんが、それぞれの業者の担当者が、見積書を作るために塗装面積などを測っているのです。不思議に思いつつインターフォンを押すと、玄関口に出てきた依頼主が「私はいろいろと忙しいので、ほかの業者と一緒に計測してください」と言います。

「見積書は必要ですか？」

「はい。ほかの業者さんと一緒に出してください。それを見て、依頼する業者を選びます」

「はあ……」

「じゃ、よろしく」

そんなやり取りをしつつ、依頼主が業者を競わせて、安く依頼しているのだろうと気づきました。

ほかの業者がどう感じるかは分かりませんが、私たちとしては、そのような状況で依頼を受けたとしても、熱意をもって仕事ができるとは思えません。依頼を受けるためには安くしなければならないでしょうし、安くすれば材料も制限されます。そのようなことを考えた結果「すみませんが、私は辞退させていただきます」と伝え、帰ってきました。

「安くしたい」と考える人は、おそらく「安くても仕事が欲しい」と考える業者を見つければ満足できるでしょう。

しかし、本書を手に取り、ここまで読んでくれた方のほとんどは、安くすることよりすばらしい家に変えることを望んでいるのではないでしょうか。

そのためには、目先の数万円ではなく、満足できる家で過ごす数十年に目を向けることが重要です。

貴重な時間と労力を値引き交渉に使うのではなく、良い業者を見つけるため、そして、すばらしい家にするためのアイディアや提案を業者から引き出すことに使ってください。

▼3）工事内容の打ち合わせ

ここで大切なことは2点あり、工事内容を確認すること、工期を確認することです。

工事内容を確認

外壁塗装は、外壁の塗り直しだけではなく、外壁材やコーキングの補修工事などが発生することが多いといえます。

そのような追加工事があとから発生しないように入念に現地調査に時間をかけてもらいましょう。

例えば、現地調査で外壁のひび割れが発見された場合、ひびをどのように補修するのか、そのための費用がどれくらいかかるかを確認します。コーキングなどについても同様に、打ち替える必要があるか、増し打ちならどれくらいの費用になるかなどを確認します。

追加工事は、外壁塗装のトラブルになる一因です。

トラブル例としてよくあるのが、お客さんが「サービス」だと思っていたら、のちに追加工事の請求を受け、想定以上のお金がかかるといったケースです。

工事が始まってから追加工事が発生するケースも少なくありません。

施工の過程で修理が必要な箇所が見つかることがありますし、工事を進めていくなかで、お客さん側で雨どいを交換してほしい、シャッターも塗ってほしいなど新たな要望が出て、追加工事が発生することもあります。

そのため、工事内容の打ち合わせでは、どんな追加工事があり得るか、その場合にはいくらかかるかなどの点もしっかり聞いておくことが大事です。工事内容についての打ち合わせは、のちのトラブルを防止するために、議事録に残しておくとよいでしょう。

工期を確認

工事内容の次に、工期について打ち合わせします。

外壁塗装は、一戸建ての外壁4面塗装で、だいたい10日です。ただし、屋根塗装やコーキングの修理があればその分だけ長くなりますし、梅雨どきと晴れの日が多い季節とでも変わります。

また、足場を外部の業者に発注するケースも多いため、足場の業者のスケジュールも影響します。

工期に関わるそのほかの要因として、塗料の調達に時間がかかることもあります。例えば、通常、塗料は工事の前に発注しておくのが基本ですが、追加工事が出た場合は、前述したガイナは受注生産のため、注文してから届くまで7日~10日ほどかかります。

そのような点を踏まえながら、自分にも業者にも都合がよい日程を組んでいきます。

工事期間中は足場を組み、職人が行き来することになります。そのため、施工の邪魔になりそうなものや、塗料が飛んだり、壊れたりしたら困るものがある場合は、いつまでに撤去するのがよいか確認するとよいでしょう。

工期についてもう1つ重要なのは、ご近所への挨拶です。外壁塗装は隣家にとってストレス要因になる可能性があります。例えば、足場の組み立てと解体の際には、家の前にトラックが停まります。足場は鉄でできていますので、金属音が発生します。また、高圧洗浄をする際の音も迷惑になるでしょうし、場合によっては洗浄の際の汚れや塗料の飛散を考えて、洗濯物が干せない期間が発生することもあります。

このようなポイントを押さえたうえで、工期はいつからいつまでか、足場の組み立てと解体はいつか、高圧洗浄はいつ行うか、洗濯物が干せない期間はあるかなど、細かく確認し、ご近所に伝えることが大切です。お客さんのみでは施工に関する細かな質問に答えられない場合がありますので、必要に応じて業者に同行してもらうのもよい方法です。

▼4）塗料の打ち合わせ

塗料は、色という点では家の外観を決める重要な要素ですが、単に見た目だけを考えるのではなく、家を守る、家の機能性を高めるといった点も考える必要があります。

塗料については業者が専門知識をもっていますので、お客さんがそこまで詳しくなる必要はありません。ただ、家を長持ちさせたり、機能性を高めるという点で、知っておいたほうがよい知識もあります。

塗料の基本情報を押さえ、自宅に合った機能を発揮する塗料を選びましょう。

塗料の基本情報

外壁塗装で使用する塗料は7つあり、アクリル塗料、ウレタン塗料、シリコン塗料、ラジカル塗料、フッ素塗料、無機塗料、光触媒塗料です。

まずはおおまかに、それぞれの塗料の特徴を紹介します。

1）アクリル塗料

アクリル塗料は安価です。ただし、耐用年数が短いという欠点があるため、頻繁に色を塗り替えたい人を除くと、外壁や屋根の塗装には不向きといえるでしょう。

2）ウレタン塗料

ウレタン塗料は、アクリル塗料の次に安価な塗料です。そのため、アクリル塗料よりは長持ちしますが、10年以内に劣化するため、やはり耐久性という点から見て外壁や屋根の塗装には不向きといえます。ちなみに、私たちの会社でもアクリル塗料とウレタン塗料は使いません。

3）シリコン塗料

シリコン塗料は、アクリル塗料やウレタン塗料より耐久性があり、汚れや紫外線に強く、

塗料の基本情報

	特徴	単価（1平方メートル当たり）	耐用年数（期待耐用年数）
アクリル塗料	安価だが耐用年数が短い	1400～1600円	～5年
ウレタン塗料	安価だが耐用年数が短い	1700～2200円	5～8年
シリコン塗料	コスパがよく、耐久性もよい	2300～3000円	8～12年
ラジカル塗料	シリコン塗料の一種で、シリコンより耐久性がある	2300～3500円	12～15年
フッ素塗料	高価だが艶が美しく、シリコン塗料より耐久性がある	3800～4800円	15～18年
無機塗料	耐久性もいいが、新しいため高価である	4500～5500円	20～25年
光触媒塗料	高価だが、セルフクリーニング機能があり、メンテナンス回数が少なくて済む	4200～5000円	15～20年

（株）リペイント匠調べ

防水効果も高いのが特徴です。
コストパフォーマンスもよく、最も人気がある塗料といってもよいでしょう。

4）ラジカル塗料

ラジカル塗料は、ラジカル制御型塗料の略です。少し専門的な説明になりますが、ラジカルというのは塗料を劣化させる要因の1つで、塗料に含まれる酸化チタンが紫外線を吸収することによってラジカルが発生します。ラジカル塗料は、このラジカルの影響を抑え込む特徴があり、結果として一般的なシリコン塗料より耐久性が高くなります。

5）フッ素塗料

フッ素塗料は、費用が高いのですが、光沢が美しいという特徴があります。シリコン塗料より耐久性があり、親水性が高く、付着した汚れが水で落ちやすいのもメリットです。また、施工会社の保証も各会社によって異なりシリコン塗料より長いものが多いといえます。シリコン塗料などの保証期間は5年ほどですが、フッ素塗料の多くは保証期間が8～

10年ほどに設定されているケースが多いようです。

6） 無機塗料

無機塗料とは、無機の成分の中に有機を配合し高耐久を実現した塗料です。無機質な素材とは、例えば、ガラスや石などです。これらは紫外線で劣化するようなことがないため、無機塗料もほかの塗料（有機塗料）と比べて耐久性が高いのが特徴です。ただし、比較的新しい塗料であるため、無機成分が何％以上のものを無機塗料と呼ぶかといった定義は決まっていません。また、有機塗料と比べて高価です。耐久性は20年以上です。

7） 光触媒塗料

光触媒塗料は、雨水を利用して外壁をセルフクリーニングします。そのため、外壁が汚れにくくなり、メンテナンスの回数も少なく収まります。ここで挙げた塗料のなかでは最も単価が高いため塗装時の初期費用はかかりますが、メンテナンス費用を含めて総額で見るとそれほど割高ではなく、清掃の手間が省けるなどのメリットもあります。

単価と耐用年数

少し詳しく見ていきます。

各塗料の単価と耐用年数を見てみましょう。

単価は、アクリル塗料が最も安く、光触媒塗料が最も高価です。

単価を基準に選ぶと、アクリル塗料やウレタン塗料が魅力的に見えるかもしれません。

しかし、重要なのは耐用年数も踏まえて考えることです。例えば、アクリル塗料が1平方メートルあたり１４００円で、５年もったとします。1年あたりで計算すると２８０円くらいです。

一方、フッ素塗料は1平方メートルあたりの単価で見るとアクリル塗料の2倍以上ですが、最長で20年もつこともあります。仮に1平方メートルあたり４０００円で20年もつとしたら、1年あたり２００円ですから、アクリル塗料とあまり変わりません。

ウレタン塗料が1平方メートルあたり１７００円で、7年後に塗り替えになるなら、１

年あたりで計算するとフッ素塗料のほうが安くなります。

このことからも分かるように、高ければ良いというわけではありませんが、高い塗料は寿命が長く、高い理由があります。

また、塗料の寿命が短ければ、それだけ外壁塗装の回数も増えます。例えば、フッ素塗料の耐用年数は15~18年ですので、家の寿命として40年くらいを目安に考えると、外壁塗装の回数は2回で済みます。

一方、アクリル塗料やウレタン塗料は、塗装工事が4、5回、またはそれ以上の回数になるでしょう。

人気のシリコン塗料も、耐用年数が12年だったとして、3、4回の外壁塗装が必要になります。

分かりやすくいえば、寿命が長い塗料を選ぶほど、数回分の工事費用を節約できるということです。

次の塗り替え時期までの間に家の建て替えなどを検討している場合は別ですが、一般的には、塗装の費用は外壁と屋根も併せると40坪あたりで100万円ほどかかりますので、長い目でメンテナンス費用を考えるのは大事なことです。

塗料選びでは、機能に着目することが大切

塗料の機能は、例えば、遮熱・断熱、防水、防汚などで、塗料によって期待できる効果が異なりますので、住んでいる地域の気温や湿度、周辺環境などを考慮して、必要な機能や欲しい機能を選んでいきましょう。

例えば、今の家が、夏になると暑過ぎ、冬になると寒過ぎるのであれば、遮熱効果や断熱効果がある塗料を選ぶのがお勧めです。

湿気が多くコケが生えやすかったり、大通りに面していて排気ガスの汚れが付くようであれば、雨水で汚れを流し落とす親水性に優れた塗料を検討してみるとよいでしょう。

耐久性重視で考えるなら、フッ素塗料や無機塗料を検討してみるとよいかもしれません。

無機塗料は、フッ素塗料より単価が高くなりますが、低汚性・親水性と耐久性が高いため、メンテナンスの手間と費用を抑えることができます。耐久性という点では2021年

時点でトップレベルです。

塗料は家を覆いますので、塗料の機能が高ければ、家の機能も上がります。暮らしやすさも高まります。

その例として、機能性重視でよく使われているガイナという塗料を紹介します。

ガイナは、遮熱性と断熱性に優れた塗料です。遮熱効果をアピールする塗料はほかにも数多くありますが、現場経験を通じて、遮熱・断熱の効果をはっきりと実感できたのはガイナだけです。また、臭いと汚れにも強く、空港の喫煙ルームの内部にも塗装されています。

▼5）色の打ち合わせ

それではいよいよ色を決めていきます。色は家の外観を決める最も重要なポイントで、色の濃淡や明るさによって印象がまったく変わります。

ここでは、希望の色が決まっている場合、いない場合に分けて見ていきましょう。

希望の色が決まっている場合は、業者がカラーチャート（色の見本帳）を持っていますので、チャートを見ながら色みをシミュレーションしていきます。

その際に注意したいのは、チャートで見る色よりも、実際に外壁に塗った色のほうが明るく見えることが多いという点です。

チャートより実物のほうが明るく見える理由は、第1章でも書いたように、面積効果が働くため、室内と屋外では光の強さで見え方が変わるためです。

そのため、見本帳で「少し明るめの壁色にしよう」と色選びすると、実際は「こんなに派手になるのか……」となります。色が絞り込めてきたら、大きい板に塗った見本を見せてもらうか、実際に試し塗りしてもらい、実物に近い色を確認するようにしましょう。

希望の色が決まっていない場合や、複数の選択肢で迷っている場合などは、業者が過去に塗装した家の写真を見つつ、相談しながら色を決めていくとよいでしょう。

例えば、モルタル壁であれば、ベージュや白など明るめの色がお勧めです。というのも、モルタルの特徴である壁の凹凸は、暗い色だと目立たず、明るい色ほど明暗が浮かび上がって立体的に見えるためです。

色は、好みで選ぶこともできますが、汚れにくさを基準に選ぶことも重要です。汚れの状況は家の外部環境によって異なり、排気ガス、水垢、カビやコケなどの生物系の汚れなどが主な原因となります。

いずれの場合も、汚れが目立ちやすいのは、黒、白、赤、原色系です。反対に、汚れが目立ちにくいのは中間色で、その視点からグレーやベージュを選ぶ人が多いといえます。

汚れの原因を根本的に抑えたい場合は、前述した塗料の機能に目を向けてみるとよいでしょう。

塗料にはそれぞれ機能があり、例えば、外壁に付着した汚れを雨で流れやすくするものなどがありますし、塗料のグレードが高くなるほど浸水性が良くなり、汚れが付きづらくなります。そのため、汚れが気になる場合は色みを考えつつ、機能にも目を向けてみましょう。

見積書の詳細を確認

ここまで決まったら、見積書の詳細を確認します。

1）使用する塗料

まずは打ち合わせで決めた色かどうか確認します。具体的には、塗料のメーカーや品番を確認します。

また、塗装は3度塗りが基本ですので、下塗りと中塗りに使用する塗料も確認します。

2）塗る回数

塗装の基本は3度塗りです。しかし、壁材や屋根材が劣化している場合、下塗りを2回、3回行うこともあります。この点は工事内容についての打ち合わせできちんと打ち合わせをして、その内容が見積書に反映されているか確認します。

3）塗る面積

見積書には塗装する壁や屋根の面積が数値で書いてあるはずです。

その内容に間違いがないか確認します。

4）追加工事の金額

雨どいなど付帯部の塗装も依頼する場合は、その内容が記載されているか確認しましょう。

壁や屋根のひび割れ修理や、コーキングの修理などを依頼する場合も同様です。

見積書に入っていない場合、のちに追加工事の費用として請求されることがあります。

5）総額

依頼内容をすべて反映した総額になっているかどうか確認します。不明な項目があれば、このときに確認しましょう。また、家の状態や状況などによって追加工事が発生することもあります。その場合は総額が変わりますので、どんな追加工事が発生する可能性があるか、追加工事が発生した場合、総額がいくらになるかといった点もあらかじめ考えておきましょう。

▼6）施工

実際の工事の進行や管理は基本的には業者に任せてよいでしょう。

通常、業者は朝来たときにその日の作業内容を説明し、帰るときに次の日の工事内容について説明します。

きちんとした業者に依頼することが大前提ですが、基本的にはコミュニケーションは取りやすいはずですので、不明点、不安なこと、疑問点などはその都度業者に伝えるようにしましょう。

日中、働いている人や、工事の開始時、終了時に立ち会うのが難しい場合は、交換日記を作ってポストなどを利用してコミュニケーションを取るのも良い方法です。

工事期間中の生活

工事中は業者が家の周りを行き来しますし、足場や塗料の飛散防止シートで家を取り囲みますので、通常どおりの生活とはいきません。

私たちがよく聞くお客さんの声を踏まえると、心配する人が多いのは工事中の洗濯物についてです。

工事中は、家から約90センチメートルのところに足場を組みます。ここに塗料の飛散防止シートを被せますので、90センチメートルより外側に洗濯物を干す場合は、塗料などで汚れる心配はいりません。

ただし、塗料などは飛ばなくても臭いが付く可能性はあります。物干し竿や洗濯物を干すスペースが家から90センチメートル以内にある場合は、施工中は干すことができなくなります。この場合、塗装していない面に干すか、塗装などを行っていないときに干すか、室内に干すことになるでしょう。汚れるかもしれない位置に洗濯物が干してあると職人も気を使わざるを得なくなり、作業スピードが落ちることもあります。

いつ、どの期間に洗濯物が干せなくなるかは、工事内容の打ち合わせのときに明確にしておきましょう。

また、外干しした洗濯物が汚れる可能性が大きいのは、高圧洗浄中と塗装中です。この期間が分かったらご近所にも伝えておくようにしましょう。

工事中の生活についてもう1つ書き加えておきたいのは、塗料が飛散しないように窓などにビニールを使い養生をしますので、あらかじめ開け閉めをしたい窓を業者に伝えておきましょう。そうすることで職人は開け閉めできるように窓をビニールで養生します。

快適に自宅で過ごす場合には、あらかじめ業者と開け閉めしたい窓について調整することも大事です。

▼7）完工

工事が終わったら、依頼どおりに仕上がっているか確認します。問題がなければそのことを業者に伝え、業者は足場の解体を始めます。

補修工事などに関する保証書がある場合は、このときに受け取ります。
すべての作業が終わったところで、料金を確認し、支払いの手続きを行います。
足場の解体が終わったら、ご近所に終わったことを伝えましょう。

［第5章］

屋根塗装・防水工事・シロアリ予防……外壁塗装と併せて行いたい「家の寿命を延ばす工事」

ついでの工事を検討

この章では、外壁塗装と併せて行う工事について見てみます。

同時に行う工事としては、雨どいの交換やベランダの防水・屋根塗装などが挙げられます。

これらをまとめて行う理由は簡単で、家廻りの工事を単発的に何度も行うより、一度にまとめて行ったほうが、ほぼ間違いなく費用が安く収まるからです。工事にかかる時間も短縮できますし、手配のための手間も減らすことができます。

▼屋根とコーキング

まずは屋根の塗装とコーキングの修理を検討してみましょう。

この2つは外壁塗装と併せて行う人が多い工事です。

外壁が傷んでいるのであれば、屋根やコーキングも同じくらい傷んでいるものです。3

つとも、日々、同じように雨風に当たり、紫外線を浴びています。

どれか1つを個別に塗装し直したり修理した場合は別ですが、外壁、屋根、コーキングの3つはセットで考えるのがよいでしょう。

工事を一緒にするメリットとしては、屋根塗装もコーキング修理も足場が必要ですので、同時に工事することで足場の費用を圧縮できます。

また、外壁塗装は、下塗りや中塗りが乾くのを待つ時間が必要となるため、複数の工事を依頼すれば、その空き時間を使って別の工事を進めることができます。

実際に屋根塗装やコーキングの修理を依頼するかどうかは別として、業者を呼んで現地調査してもらう際には、外壁だけではなく、屋根とコーキングも見てもらいましょう。屋根塗装の詳細はのちほど説明します。

▼雨どい、漆喰、ベランダ防水、コウモリ対策

雨どい交換や漆喰の修理なども検討してみましょう。

外壁が傷んでいる場合、雨どいなども傷んでいる可能性は大きいといえます。

ベランダ防水もお勧めです。ベランダの傷みは表面だけであれば上塗りだけで済みますが、表面の傷みを放置した場合深層まで劣化が進み、防水工事を丸々やり直す事態になり兼ねません。早期に修繕しておくようにしましょう。

また、コウモリ対策を検討する家もあります。

コウモリはフンをするため不衛生ですし、せっかく仕上がった外壁塗装をコウモリの排泄物で傷めてしまいます。また、悪臭の原因にもなります。コウモリの鳴き声がうるさく、寝られずに困っている人もいます。

このような場合も外壁塗装に併せて対策するのがよいでしょう。

コウモリは、胴体が親指くらいの小さなものが多く、壁と軒の境目、エアコンの化粧カバー（室外機から室内に伸びているホースのカバー）の隙間、雨戸の戸袋などに住みつきます。コウモリ対策の工事では、コウモリの生息場所と出入り口を特定し、ステンレスの網などを使って家に出入りできないようにします。

ソーラーパネルを取り付けた屋根

▼リフォーム

リフォームの必要性も検討してみましょう。

玄関、窓、駐車場、シャッターなどは、もしかしたら塗装し直すより交換したほうがよいかもしれないという場合があります。トイレ、風呂、キッチンなど室内のリフォームは基本的には外壁塗装業者の専門外ですが、業者同士のコネクションなどを通じて、安く仕入れることができたり、安く工事できる場合があります。

▼ソーラー発電

屋根工事との関連では、ソーラーパネルの設置も検討できます。

ソーラーパネルの設置も基本的には足場を組みますので、外壁や屋根の工事と一緒に行ったほうが費用などの面で負担が小さくできます。また、私の会社も含みますが、外壁塗装業者のなかには地域の電力会社やソーラーパネルのメーカーなどとつながりをもっている業者もいます。そのような業者に相談することで、設備そのものを無料で設置できたり、安く設置できる場合もあります。

屋根塗装の目安

では、外壁塗装と同時に行うことが多い屋根塗装について、少し詳しく見ておきましょう。


外壁と屋根は基本的には同じ外部環境にさらされていますので、同じくらいのペースで劣化していると考えてよいでしょう。

外壁塗装の目安は10年に1度くらいで、10年経つと塗料の機能が低下します。屋根も同じで、10年くらいで塗料の機能が低下し、塗り直しが必要になるのです。

ただし、屋根のほうが外壁よりも雨風や紫外線によるダメージを受けやすく、外壁よりも劣化している場合があります。そのため「外壁が傷んできたな」と思って外壁塗装を検討するときに、すでに屋根の傷みが進んでいる可能性があります。

屋根は日常生活でほとんど目につかないため、屋根材が割れていたり、釘が外れていたりしても気づきません。雨漏りの原因となるような劣化が生じていることもあります。

屋根の傷み具合は個人では確認しづらいですし、安易に上ると事故の原因となるため、業者に確認してもらうとよいでしょう。

また、屋根の状態が確認しづらいという点を逆手に取って、訪問販売の業者が「お宅の屋根は塗り替えどきです」「だいぶ傷んでいます」と不安をあおるような営業をしてくることがあります。

このような営業も屋根塗装を検討するタイミングの1つにはなります。

過度に心配する必要はありません。訪問販売の業者と契約する必要もありません。

しかし、実際に屋根が傷んでいたり、築年数などから見て塗り直しの時期が近いかもしれませんので、外壁や屋根塗装の業者に点検を依頼してみましょう。

私たちのような業者なら、上りやすい屋根であればすぐに確認できます。

また、ドローンで空撮して確認する方法もあります。細かな点は職人が屋根に上がって確認する必要がありますが、ドローンでも屋根の傷み具合などはある程度把握できます。

▼屋根の種類を確認

屋根塗装と外壁塗装は、同時に行うとしても、基本的には別の工事です。

そのため、屋根塗装は屋根に関する専門知識が必要ですし、屋根材の傷み具合や雨漏りの状況や可能性をきちんと見る必要もあります。

まずは屋根材についての基本を押さえておきましょう。

屋根材で広く使われているのは、以下の３タイプです。

・スレート

薄いセメント製の長方形の屋根材のことで、カラーベストやコロニアルと呼ぶこともあります。安価で軽いのが特徴です。ちなみに、スレートは一般的な名称、カラーベストとコロニアルは商品名です。なお、カラーベストとは「色のついたアスベスト」という意味です。

耐用年数：25～30年

メンテナンス：10年間隔

葺き替え費用：100万～150万円

・瓦

焼き物の屋根材で、素材は粘土系とセメント系に大別できます。スレートと比べると高価ですが、耐久性があります。粘土系の瓦は基本的には塗装不要ですが、漆喰によるメンテナンスは必要です。

耐用年数：20～60年

代表的な屋根材の基本情報

	特徴	メンテナンス	葺き替え費用
スレート	・薄いセメント製の屋根材	10年	100万～150万
瓦	・焼き物の屋根材 ・粘土系とセメント系に分かれる ・高価だが耐久性は抜群	25年	100万～240万
ガルバリウム鋼板	・スレートより耐久性があり、スレート・瓦より軽い旬の金属屋根材	20年	100万～150万

（株）リペイント匠調べ

メンテナンス：25年間隔
葺き替え費用：100万～240万円

・ガルバリウム鋼板

金属屋根のなかでも注目度が高まっている屋根材で、さび対策のメッキで表面を加工してあります。スレートより耐久性があり、スレート・瓦より軽いのが特徴です。

耐用年数：15～50年
メンテナンス：20年間隔
葺き替え費用：100万～150万円

いずれの屋根材も耐用年数があるため、長い目で見ればどこかで葺き替える必要があります。ただ、屋根材が劣化していなければ屋根塗装で耐久性などを回復させることができます。

1つ注意したいのは、ここで挙げたメンテナンスは屋根材そのもののメンテナンスで、塗料の耐用年数はもう少し短いということです。

スレートを例にすると、スレートそのものは25年～30年くらいの耐用年数があります。しかし、その上に塗っている塗料は10年くらいで機能が低下します。塗料の機能が低下すれば、例えば、防水効果がなくなり、水分を好むカビやコケなどが発生しやすくなります。それが原因で屋根全体の劣化が早くなり、雨漏りにつながることもあります。そのため、塗料の耐用年数に合わせた塗り替えが必要になります。

塗装費用（1平方メートルあたり）の目安としては、シリコン塗料が2300～3000円、フッ素塗料が3800～4800円ほどです。また、瓦は塗装不要ですが、セメントが混ざっているセメント瓦は塗装が必要です。屋根材によって屋根塗装の必要性が変わりますので、まずは自宅の屋根材を調べるか、業者に見てもらうとよいでしょう。

▼塗装できない屋根がある

屋根塗装で注意したいのは、塗装できない屋根があるという点です。

主なケースは3つあります。第1に、雨漏りしていること、次に屋根材の問題、3つ目に、以前の工事に問題があることです。

まずは、雨漏りしていたり、雨漏りしそうな箇所があるケースです。

この場合、屋根塗装をする前に屋根の修理工事をする必要があります。厳密にいうと、塗装できないのではなく、修理工事をしてからでないと塗装できないということです。

屋根塗装を依頼する場合は、ここが重要なポイントです。というのも、屋根の修理工事をせずに塗装だけすると、雨漏りが直らず、躯体の腐食が進行する場合もあるからです。

実際、私たちが雨漏り修理の問い合わせをいただくお客さんも、8割くらいが雨漏りの「再発」で困っている人です。

「塗装してもらったけど雨漏りが直らない」
「直ったと思ったけど再発した」

そのような声が多く、どういう工事をしたかと聞くと、屋根塗装だけで終わらせているケースがほとんどなのです。

塗装と雨漏りは別物です。

屋根塗装と屋根の修理工事も別物です。

屋根塗装で屋根がきれいになっても雨漏りが直るわけではありません。屋根塗装は雨漏りしないようにするためのもので、すでに発生している雨漏りを直すものではないということです。技術や知識が不足している業者は、「屋根塗装で雨漏りが直ります」と言うかもしれません。

「コーキングをやり直せば雨漏りは直ります」などと言う業者もいます。

しかし、直る可能性はほとんどゼロです。

雨漏りを直すのであれば、まずは雨漏りしている場所を特定し、雨漏りの原因を修理し、そのうえで、屋根材を塗装するという順番で進めていかなければならないのです。

▼劣化した屋根材は塗れない

塗装できない屋根の2つ目のケースは、屋根材が劣化している場合です。

屋根材として広く使われているスレートは、25～30年くらいが寿命といわれています。

「25年もつなら安心」と思う人もいるかもしれません。

しかし、スレートの主な材料であるセメントは防水性が低く、表面の塗装が劣化することによって防水機能が低下します。

スレートの傷み方は1軒1軒違いますので、雨や雪が多い地域の家や、台風被害にあった家などでは劣化が進んでいることもあります。

例えば、台風の影響などを受けてスレートに細かなひびが入っていることがあります。

このように劣化している
箇所が多々見られる。

スレートの層間剥離

スレートを塗り直してもひび割れが直るわけではありません。将来的にスレートが割れたり、ひび割れが雨水の侵入口になる可能性があります。

また、スレートは前後左右に板を並べていますので、スレートそのものがそれほど劣化していなくても、スレートが重なり合っている部分の隙間が開いたり、スレートの下地が傷むことがあります。この状態で塗装すると、表面的にはきれいになるでしょうが、屋根全体の劣化は直りません。隙間を放置することによって雨漏りする可能性が大きくなり、屋根全体を傷めてしまうこともあるのです。

スレートのなかには、薄い屋根材を何層にも重ねて作っているものがあります。

このスレートが劣化すると、雨風などによって傷みやすい表面側から層が剥がれていく層間剥離《そうかんはくり》が起こります。塗装してある表面が剥がれれば、塗料の機能は見込めなくなり、屋根材は剥き出しの状態になります。保護力がなくなり、劣化のスピードが速くなるのです。

また、この状態で塗装しても、再び表面が剥がれてしまうでしょう。つまり、塗装する意味がなくなりますし、屋根塗装そのものが無駄になるのです。

▼不良工事で塗れなくなることもある

過去に屋根の補修工事や塗り直しをしたことが原因で塗装できなくなることもあります。

これが塗装できない3つ目のケースです。

例えば、屋根材から雨漏りがある状態で屋根塗装を頼み、業者が屋根材のひび割れた部分や雨漏りの原因箇所すべてにコーキングしてしまったようなケースがこれに当てはまり

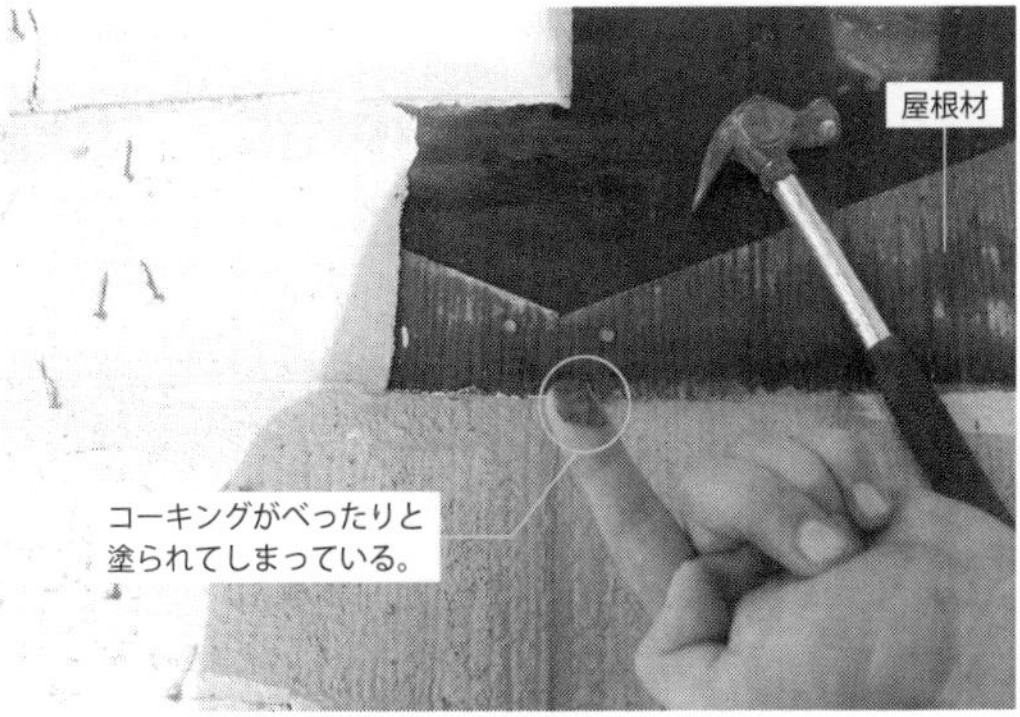
屋根材
コーキングがべったりと
塗られてしまっている。

不良工事で塗れない屋根材

ます。

屋根材のひび割れには専用の補修材がありますし、なにより屋根塗装では基本的にコーキングは不要です。むしろ、むやみにコーキングすることによって雨水の流れが悪くなったり、排水不良で下地を傷めることもあります。コーキングで屋根の一部が密閉状態になり、外気と室内の温度の差によって結露が生じて、躯体を傷めることもあります。

そのような知識がない業者が施工すると、場当たり的にコーキングし、強引に塗装してしまいます。当時の工事によって見た目はよみがえったかもしれませんが、屋根の構造的には修理が必要です。排水や結露によって傷んでいる場合は、下地から交換しなければならないのです。

「劣化しているかもしれない」「前回の工事が不安」と思う場合は、業者に相談し、屋根材の種類や劣化状態を見てもらいましょう。屋根材の種類については、建築時の図面に書いてある場合がありますし、家を建てたメーカーに問い合わせて確認することができます。

▼カバー工法も検討

ここで挙げた3つのケースのなかで、1つ目の雨漏りは、雨漏り修理をすることによって屋根塗装ができるようになります。しかし、2つ目の屋根材の劣化と、3つ目の前回の工事に問題があった場合は、屋根の葺き替えを検討することになるでしょう。

または、葺き替えではなく、カバー工法という方法を選ぶこともできます。

カバー工法は、分かりやすくいうと、スレート屋根にガルバリウム鋼板などを被せ、金属屋根にするというものです。

葺き替え工事は古い屋根材を撤去しますが、カバー工法は、その名のとおり上からカ

カバー工法をした屋根

バーをかけるため、屋根材の解体工事がいらず、撤去費用や古い屋根材の処分費用などがかかりません。解体工事を行う葺き替えよりも工期も短くなります。

スレート屋根をガルバリウム鋼板でカバーすると屋根の寿命も延びやすくなります。

スレートは25～30年くらいの耐用年数がありますが、経年劣化するほど塗装しづらくなります。塗装は通常、下塗り、中塗り、上塗りの3回ですが、古いスレートは下塗りしても塗料を吸い込んでしまうため、塗装する効果が薄れます。屋根塗装の目安は10年くらいですが、古いスレートの場合は10年経つ前に塗装が剥げてくることもあります。

一方、カバー工法で使うガルバリウム鋼板などはスレートと比べて耐久性が高いため、経年劣化のスピードを遅らせることができます。

また最近では、塗装不要で30年以上の耐久性がある金属屋根もあります。色あせもなく、重量もスレートの半分ほどの優れものです。

その点を踏まえると、スレートの屋根塗装を考えるよりもカバー工法を検討したほうがメリットが大きいかもしれません。業者に相談するときには、葺き替えとカバー工法の両方について聞いてみましょう。

▼屋根塗装の流れ

次に、屋根塗装の詳細を見てみましょう。

高圧洗浄機で外壁と汚れなどを落とすところまでは外壁塗装と同じです。

ただし、屋根は外壁よりも汚れていることが多いため、外壁塗装のときに行う高圧洗浄より強力なトルネード洗浄で汚れを落とします。このときに、屋根材の割れや破損を確認します。雨漏りの可能性もこのときに確認し、修理が必要な場合は塗装する前に修理の工事を行います。

雨漏りしている箇所や、しそうな箇所がある場合は、まず原因となっている場所を突き止めます。

雨漏りの原因となる雨の侵入口は1カ所とは限りません。

劣化が進んでいるほど、複数の箇所が雨漏りの原因となっている可能性があるため、塗装を始める前に入念に雨水の侵入口を見つけ出します。また、雨水の侵入口が複数ある場合があるように、入り込んだ雨水が雨漏りとなる出口が複数ある場合もあります。雨の侵入口が1カ所、雨漏りしている場所（出口）が2カ所、というケースもあります。

雨漏りの入り口、出口を突き止めたら、修理工事をします。

雨漏り工事は建物の形、構造、屋根材によって工事内容が変わりますので、業者と工事内容の詳細を相談しながら決めていきます。この際、すでに雨漏りしている場所はもちろん直したほうがよいのですが、雨漏りしそうな場所も直しておくのがよいでしょう。屋根塗装をして数年後に雨漏りが発生すると、再び業者に直してもらうことになり、手間、時間、費用が余計にかかってしまうためです。

▼縁切りで通気性を高める

雨漏り工事や雨漏りしそうな箇所を対策したら、塗装です。基本的な手順は外壁塗装と同じで、まずは下塗りしてしっかりと乾燥させます。

次に中塗り、上塗りをして完成です。

外壁と1つ違うのは、下塗りと中塗りの間で「縁切り」という作業が入ることです。縁切りはスレートとスレートの隙間の通気をよくするための作業です。屋根材は、スレートならスレート、和瓦なら和瓦が1枚1枚重なり合い、1つの屋根になっています。

この重なりの部分には隙間があり、この隙間があることで屋根の内部に侵入した雨水が排水できるようになっています。しかし、この隙間を気にすることなく屋根塗装をすると、雨水が正しく排水されなくなり、屋根の内部に溜まってしまいます。この水が雨漏りの原因になり、躯体の腐食やシロアリの発生につながります。

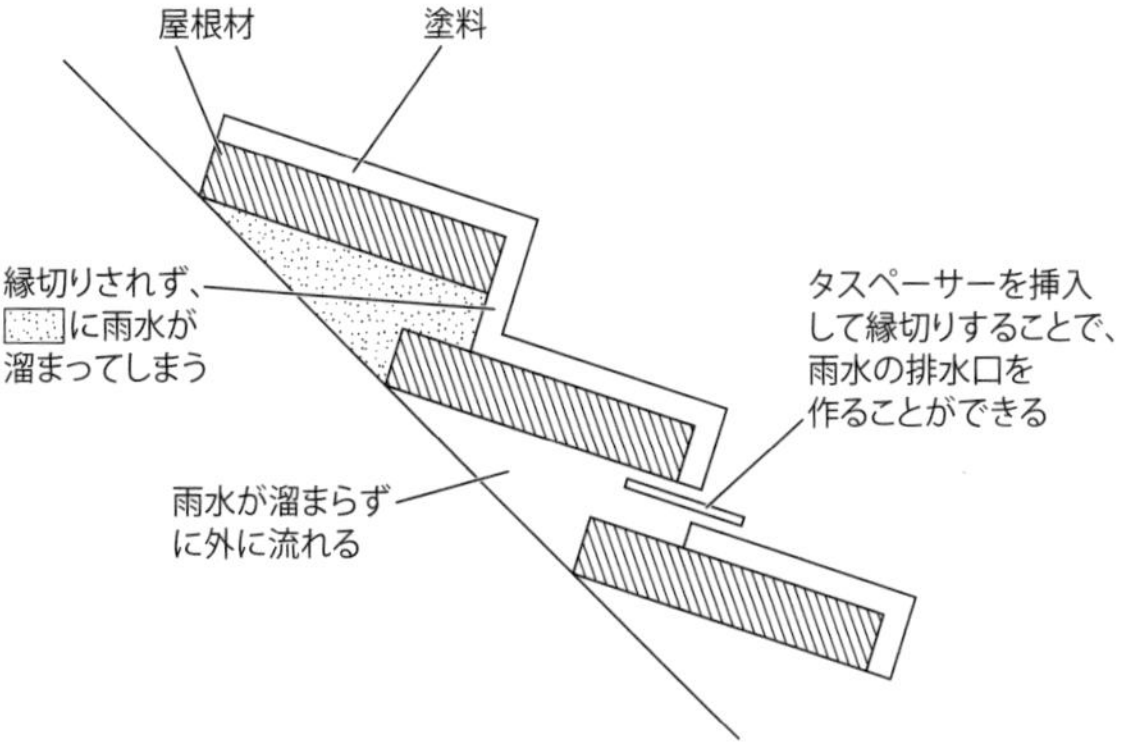
屋根材
塗料
縁切りされず、
に雨水が
溜まってしまう
タスペーサーを挿入
して縁切りすることで、
雨水の排水口を
作ることができる
雨水が溜まらず
に外に流れる

縁切り

そのため、塗装するときには必ず縁切りをしなければなりません。塗料の厚みで隙間が埋まってしまわないように、タスペーサーという道具を使って丁寧に縁切りすることが大事なのです。

実はここに問題があります。

1つは、縁切りの重要性を理解していない業者がいること。もう1つは、業者にとって縁切りは手抜きしやすい作業であるということ。そして、いずれかの理由によって工事後に新たな雨漏りが発生することがあるということです。

▼縁切りは手抜きされやすい

縁切りは知識と技術が必要な作業です。

例えば、スレート屋根は基本的には縁切りをしますが、和瓦やセメント瓦、板金屋根などは縁切りが不要です。このような違いがあるため、現場によって縁切りをしたり、しなかったりします。

また、スレートが経年劣化し、隙間が4～5ミリメートル以上開いていると縁切りできません。屋根材によって縁切りしやすいものとしにくいものがありますし、塗料によって縁切りの方法も変わります。

このような点も含めると、きちんと縁切りするためには専門性が求められます。

ところが、現場の職人のなかには、縁切りのやり方が分からない、親方から言われたからなんとなくやっている、縁切りと雨漏りの関連性が分からない、そもそも縁切りがどういうものか分かってない、という人がいます。そのような人が担当者になると、当然、縁切りの質は低下します。

「元請けが縁切りしておくようにと言っていたから」「親方が言っていたから」など、指示が伝言ゲームになりやすい多重構造の場合、縁切りのミスはさらに起きやすくなるはずです。

縁切りのもう1つの問題は、手抜きされやすいことです。縁切りの必要性が分かっていなければ、「やらなくてもよいか」と思ってしまう人が増えるでしょう。

また、縁切りは雨漏りを防ぐ重要な作業なのですが、地味ですし、手間がかかります。色ムラや塗り残しのように目に見えるわけではなく、実際に影響が出るのは工事が終わって数年経ってからのことですので、その点も心理的に手抜きしやすい環境になっているといえるでしょう。

結果、縁切りが正しく行われず、屋根の内部に雨水が溜まります。通気が悪くなり、湿気が溜まりやすくなり、結露も発生しやすくなります。これが原因で、工事前にはなかった新たな雨漏りが発生します。家を長持ちさせるための工事が、業者選びを誤ることによって、家の寿命を短くしてしまうのです。

おわりに

皆さんにとって、大切なものはなんですか。

家族、仕事、友人、夢など、いろいろなものが思い浮かぶと思います。

そして、「家」を思い浮かべる人もいるだろうと思います。

家は、資産としても大切ですが、心と体を休め、明日のためのエネルギーを充電する場所でもあります。

家族を守り、仕事の疲れを癒やし、友人と楽しみ、夢を育むのも、やっぱり家という場所があってこそなのだと思います。

私は諸事情あって家族バラバラの幼少期を過ごしました。

貧乏が当たり前の毎日、夜な夜な怖い借金取りが押し掛けてくる借家やアパートで、安らぎを感じた記憶はありませんでした。夕方、友達の家からの帰り道、楽しそうに家族団らんで夕食を囲む一軒家を幸せの象徴のように感じました。

だから余計に、家に価値を感じるのかもしれません。

安心と幸せの象徴である家を、「守りたい」「良くしたい」という思いが人一倍強いのだと思います。


外壁や屋根の塗装技術を学び、今はそれができるようになりました。

私を慕ってくれる職人たちが増え、より多くの家を施工できるようになりました。

「リペイント匠」を設立してから約10年で、津市を中心に2000軒の塗り替えを行ってきました。


私にとって大切なことは、楽しく、快適に、安心して暮らせる家をさらに増やすことです。それが私の使命だと思っています。

また、使命に共感してくれる職人たち、私たちを信頼して施工を依頼してくれたお客さん、そして、私たちやお客さんが住む町全体を大切に思っています。

良い家が増えれば、良い町になります。その先には、より楽しく暮らせる日常があります。

私は鈴鹿市で生まれ、津市で育ちました。21歳で起業してからも、ずっと三重県内で過ごしています。外壁塗装という誇れる仕事を通じて、地域を良くしたいという思いが、年々大きくなっているように感じています。

良い家を増やし、良い町にしていくために、私たちは引き続き技術の向上に精進します。皆さんには、人生の城ともいえる家の価値と、家を長持ちさせることの大切さをあらためて認識していただき、人生をもっとすばらしいものにしてほしいと願っています。

株式会社リペイント匠
代表取締役社長　久保信也

久保信也（くぼ・しんや）

株式会社リペイント匠　代表取締役

１９８２年、三重県鈴鹿市生まれ。小学校4年生のときに両親が借金を原因に破産し、離婚。父と極貧生活の幼少期を送る。15歳から足場工事会社で働き始め、21歳で独立し久保組を立ち上げる。3年後、法人化し足場工事以外にも塗装事業を開始。その後事業を行うなかで、元請け業者の利益よりも、一般のお客さまにより安く・良い仕事を提供したいと考え、２０１２年9月に株式会社久保組を売却。同年同月、一般戸建て住宅に特化した外壁塗装専門会社リペイント匠を設立する。２０１３年6月には法人化し、社名を株式会社リペイント匠に改称。現在では年間４００件以上の工事を請け負い、地元では有名な塗装会社として名を馳せる。

どんな家庭環境で育ったとしても、努力すれば夢は叶うことを実感。好きな言葉は「失敗を恐れず前進あるのみ」と「一生懸命」。

本書についての
ご意見・ご感想はコチラ

家の寿命を20年延ばす
はじめての外壁塗装

二〇二一年三月二五日　第一刷発行

著　者　久保信也
発行人　久保田貴幸
発行元　株式会社　幻冬舎メディアコンサルティング
〒一五一-〇〇五一　東京都渋谷区千駄ヶ谷四-九-七
電話　〇三-五四一一-六四四〇（編集）
発売元　株式会社　幻冬舎
〒一五一-〇〇五一　東京都渋谷区千駄ヶ谷四-九-七
電話　〇三-五四一一-六二二二（営業）
印刷・製本　シナノ書籍印刷株式会社
装　丁　三浦文我

検印廃止

ISBN 978-4-344-93233-3 C0077
幻冬舎メディアコンサルティングＨＰ　http://www.gentosha-mc.com/